国际商务专业硕士系列教材

国际贸易
理论与案例

International Trade
Theory and Cases

罗立彬　　池娟◎编著

中国金融出版社

责任编辑：张翠华
责任校对：孙 蕊
责任印制：陈晓川

图书在版编目(CIP)数据

国际贸易理论与案例 / 罗立彬，池娟编著. — 北京: 中国金融出版社，2019.8

ISBN 978-7-5220-0192-0

Ⅰ.①国… Ⅱ.①罗… ②池… Ⅲ.①国际贸易理论 — 研究生 — 教材 ②国际贸易 — 案例 — 研究生 — 教材 Ⅳ.①F74

中国版本图书馆CIP数据核字 (2019) 第147586号

国际贸易理论与案例
Guoji Maoyi Lilun yu Anli

出版
发行　**中国金融出版社**

社址　北京市丰台区益泽路2号
市场开发部　(010) 63266347，63805472，63439533 (传真)
网上书店　http://www.chinafph.com
　　　　　(010) 63286832，63365686 (传真)
读者服务部　(010) 66070833，62568380
邮编　100071
经销　新华书店
印刷　北京市松源印刷有限公司
尺寸　169毫米×239毫米
印张　13.5
字数　172千
版次　2019年8月第1版
印次　2019年8月第1次印刷
定价　34.00元
ISBN 978-7-5220-0192-0
如出现印装错误本社负责调换　联系电话 (010) 63263947

丛书序言

即便逆全球化掀起阵阵波澜，也不能阻挡和改变世界经济大潮向全球化不断进发的态势。这是不以哪一个国家或地区的意志或一厢情愿为转移的。因而，如何顺应时代潮流，在彼此相互依赖的世界中构建人类命运共同体，共同应对纷繁复杂的国际政治、经济等方面林林总总的问题，应该成为世界各国的明智选择。在这一过程中，拥抱的是繁荣的愿景，摒弃的是无益的对抗。然而，如何推动并创造良好的国际商务发展环境，造就更多能够为全球经济繁荣贡献智慧和力量的大批国际商务人才，已经成为摆在包括中国在内的致力于推动全球化发展和本国社会经济繁荣的世界各国面前的重要任务。

那么，近年来国际商务环境以及社会对国际商务人才的需求究竟发生了怎样的变化呢？毫无疑问，经济全球化的深入发展，国际政治经济新秩序的构建，国际协定和相关政策的变革，科技浪潮的风起云涌，新业态、新模式的推陈出新，国际贸易投资规模的增长以及结构的变化，跨国公司的创新发展等，使当下国际商务处于前所未有的机遇、挑战和变革相互交织的特殊时期。这一时期，更需要世界各国加大对改善和优化国际商务环境努力的呵护，同时创新培养模式，推动国际商务人才更好地适应变革中的国际商务环境和时代要求。

在发展和创新中的中国，事实确实如此。培养大批高素质国际商务专业硕士人才已经成为众多高校人才培养的生动实践。它们走在人才培养理念和模式创新的道路上，进行了丰富而富有成效的工作，由此推动国内国际商务专业硕士人才培养规模不断扩大、学位点授予单位数量持续增加，培养质量不断提升，培养特色日益彰显，为国家社会经济的发展、国际商务工作的推进做出了应有的贡献。

作为国际商务专业硕士人才培养大军中的一员，北京第二外国语学院国际商务专业硕士学位授权点自批复之日起，就紧紧依托学校办学特色资源和优势，在保证培养质量，走差异化、特色化发展道路上不懈努力，取得了一定成绩。为了更好地提升办学水平，夯实培养基础，推动国际商务专业硕士培养相关课程的建设，依据培养方案，特别策划了本丛书，为国际商务专业硕士培养的案例教学开展创造更好的条件。

本丛书第一批涉及三门课程，是相关任课教师辛劳付出的结晶。同时也特别感谢中国金融出版社编辑的精心策划和帮助，使本丛书得以及时与各位读者见面。本丛书不当之处在所难免，希望各位读者能够不吝批评，以便日臻完善。

前 言

　　本书是根据作者的讲义整理编写而成。在编写过程中，我们参考授课时所用的教材以及参考书，但是也有很多自己的思考与总结，尤其是其中的案例部分，以中国案例为主，是在实际教学过程中从各报刊杂志、专业网站以及学术期刊上摘录而成，有部分案例也体现了作者个人的思考和总结。

　　本书共收录了八章内容，涉及国际贸易理论与实务的八个专题，虽然没有追求全面，但也按照一定的逻辑关系进行编排。前六章内容涉及国际贸易理论，第七章和第八章内容涉及的是国际贸易实务，主要是国际贸易运输与保险方面的实务操作。

　　感谢几年来讲授这门课的经历，使我们有机会对很多问题进行相对深入的思考；也感谢课堂上的所有学生，使我们有动力去寻找和分析这些案例；尤其感谢以下几位学生，他（她）们是王牧馨、汪浩、刘丽瑶、陆晔翎、张箫箫，他（她）们为本书的部分资料收集和文字整理作出了贡献，没有他（她）们本书无法完成。最后感谢本书的读者。作者水平有限，希望今后仍有机会不断完善，敬请读者批评指正。

作者

2019年3月

目录

第一章

国际贸易基本理论：需求与供给

本章学习目标

1. 需求与供给结构。

2. 国家间为何贸易？两国市场均衡价格差异产生低买高卖的激励。

3. 国际贸易如何影响各国的生产和消费。

4. 国际贸易对国民净福利的影响，价格变化幅度大的国家受益更多。

5. 国际贸易对各国不同利益集团的影响。

第一节　需求与供给

■ 知识点串讲

一、需求

（一）定义

需求曲线：一般指表示商品价格和商品需求数量之间函数关系的曲线。它表明在其他条件不变时，消费者在一定时间内在各种可能的价格下愿意而且能够购买的该商品的数量。其他条件包括：（1）消费者的收入水平不变；（2）相关商品的价格不变；（3）消费者的偏好不变；（4）消费者对商品的价格预期不变等。这里的不变指在需求曲线的所有点上这些条件都一样。在竞争性市场上，需求曲线也是消费者的边际效用曲线，代表每个需求量上的边际效用，也是消费者愿意支付的最高价格。

（二）图形

需求曲线图形：一般以纵轴表示价格，横轴表示数量。商品的需求曲线一般是一条向右下方倾斜的曲线（见图1-1），表明了需求规律：其他条件不变的情况下，价格上升时，商品需求量下降；价格下降时，需求量上升。曲线斜率为负的原因主要有：（1）价格下跌时，消费者的实际收入提高，因而消费者个人对商品的消费增加；（2）价格下跌使新的买主进入市场；（3）当一种商品价格降低时，人们会试图以这种商品代替其他商品，因而增加了这种商品的购买量。需求曲线上点的移动表示由于该商品价格发生变化引起的对该商品需求量的变化。

　　需求曲线的移动指由于购买者偏好、收入、相关商品价格或消费者价格预期发生变化时需求的变动。曲线左移表示需求下降，右移表示需求增加。如果消费者收入提高了，很多消费者对商品的购买数量就会增加，假设商品的价格没有变化，即纵轴未变，购买商品的数量增加，则需求曲线向右移动，需求增加。

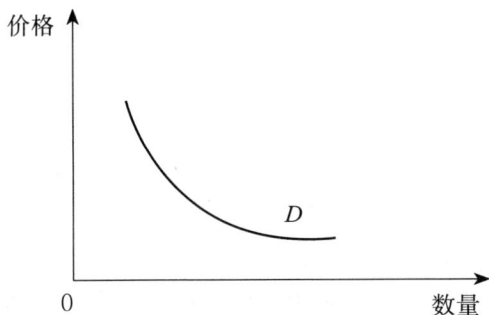

图 1-1　需求曲线

（三）需求量对价格变化反应的敏感程度

　　判断需求量对价格变化反应的敏感程度的第一种方法是依据需求曲线的倾斜程度来判断。陡峭的斜线，斜率越大，说明数量对价格的反应越不敏感，即数量不会像价格那样变化很大；而平缓的斜线，斜率越小，说明更为敏感，其缺点是无法消除计量单位的影响。

　　第二种方法是依据弹性的大小来判断，弹性反映的是需求量或供给量对价格的反应程度，弹性消除了计量单位的影响。弹性具体指一个变量变化百分之一引起的另一个变量变化的百分比。需求价格弹性指价格变化百分之一所引起的需求量变化的百分比。价格上升时，数量下降，所以需求价格弹性为负数，一般进行讨论时经常把负号去掉。如果价格弹性大于1，则需求量对价格变化非常敏感，被称为具有弹性。如果价格弹性小于1，则需求量对价格变化较不敏感，被称为缺乏弹性。

（四）需求价格弹性计算公式

需求价格弹性可用以下公式表示，令E_d代表需求价格弹性，则：

$$E_d = \frac{需求量的相对变动}{价格的相对变动} = \frac{\Delta Q}{Q} \div \frac{\Delta P}{P} = \frac{P}{Q} \times \frac{\Delta Q}{\Delta P}$$

此式中，Q代表需求量，ΔQ代表需求量的变化，P代表价格，ΔP代表价格的变化，在Q、ΔQ、P、ΔP等为已知的条件下，便可根据此公式计算需求价格弹性。弹性系数大于1，表示需求富有弹性；弹性系数等于1，表示需求弹性单一；弹性系数小于1，表示需求缺乏弹性。影响需求价格弹性的主要因素：（1）可接受的替代商品的可能性；（2）消费者花在商品或劳务上的收入的比例；（3）允许消费者针对价格进行调整的时间。需求价格弹性对于销售者具有重要的作用，销售者可以根据某种商品需求价格弹性的大小来确定适当的销售价格。

二、消费者剩余

（一）定义

需求曲线代表的是消费者心目当中一种产品的价值，用消费者愿意支付的价格来衡量，但是在竞争性市场当中，消费者实际支付的价格是市场价格，所以消费者愿意支付的价格与市场价格（实际支付的价格）之间的差距，就是消费者剩余，这是竞争性市场为消费者提供的福利。将每一个数量点上的消费者剩余加总，就是消费者剩余。

（二）计算方法

本部分将通过一个例子，帮助读者更好地理解如何计算消费者剩余。假设一个厂家将向市场销售一定数量的电脑，假设对需求产生影响的其他因素固定不变，通过考察商品价格这一因素，画出该电脑的市场需求曲线，如图1-2所示。

A. 需求

价格（$/单位）

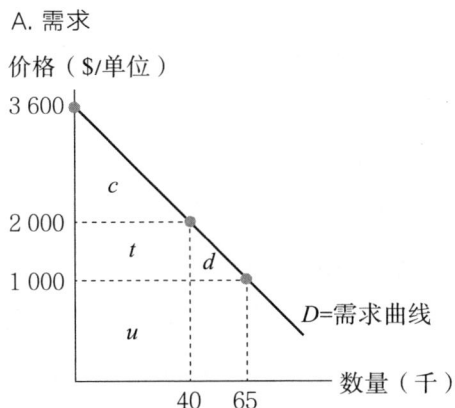

图 1-2　电脑的需求曲线

由图1-2可知，对于被需求的第一台电脑，有消费者愿意为其支付3 600美元，这一价格刚好位于需求曲线与价格轴的交点。需求曲线还告诉我们，有消费者愿意为第二台电脑支付一个略低的价格，这样需求曲线就随着需求量的增加而下降。消费者愿意为每一单位商品支付的最高价格反映了人们认为消费这一单位商品对自己所具有的价值。通过将对应于每一单位需求的需求曲线高度加总，可以用需求曲线以下的整个面积来度量消费者从购买这些数量的商品中获得的总价值。

例如，40 000台电脑对于消费者的总价值为1.12亿美元，这等于（c+t+u）的面积，即消费者愿意支付的总价值。通过对两个区域分别计算得出：由价格与数量相乘而得到的矩形面积（t+u），其值等于2 000美元×40 000，加上该矩形之上的三角形面积c，等于（1/2）×（3 600美元–2 000美元）×40 000。这一总价值能够用货币来度量，但它最终所代表的是消费者的意愿程度，即消费者放弃消费其他商品和服务而转为购买这种商品的意愿程度。

消费者需支付电脑的市场价格。例如，消费者以每台2 000美元的价格购买了40 000台电脑，总共支付8 000万美元，这等于$t+u$的面积，即消费者实际支付的价值是$t+u$。因为很多消费者对每台电脑愿意支付的价格超过2 000美元，按当时的市场价格支付，便给消费者带来一个净经济福利收益，这一净收益被称为消费者剩余，就是c的面积，即价格线以上，需求曲线以下的部分。

当需求数量为65 000台时，由于消费者以更低的价格购买了更多的商品，他们的福利得到了增加。消费者剩余从一个较小的三角形c，变为一个更大的三角形（$c+t+d$），消费者剩余的增加面积为（$t+d$），具体为（2 000美元–1 000美元）×40 000再加上三角形d的面积（1/2）×（2 000美元–1 000美元）×（65 000–40 000），得出消费者剩余的增加值为5 250万美元。消费者剩余的大小（即消费者福利的大小）很大程度上取决于价格高低。价格越高，消费者剩余越小。当价格从2 000美元下降到1 000美元时，消费者剩余增加了面积t，也增加了那些由于价格降低而开始购买的消费者的经济福利（面积d）。

三、供给

（一）定义

供给曲线：表示其他条件不变时，商品的价格与供给量之间关系的曲线。价格越高，需求量越高。竞争性市场中，厂商的供给曲线也是其边际成本曲线的一部分。所以它代表了在每个产量点上厂商的边际成本，也是在每个产量点上厂商能够接受的最低的市场价格。

（二）图形

供给曲线是西方经济学中市场均衡理论的一个基本概念，由英国经济学家马歇尔提出。其一般用以下公式表示：

$$y=f（x）$$

此式中，*y*代表供给量，*x*代表商品价格，*f*为函数符号。根据市场均衡理论，在其他条件不变的情况下，当某一商品的价格上升、利润增大时，会吸引更多的企业生产这种产品，使供给量增加。反之，当价格下降时，会因利润少而缩小生产规模，甚至停产、转产，供给量随之减少。这种关系表示为坐标上的曲线，如图1-3所示。

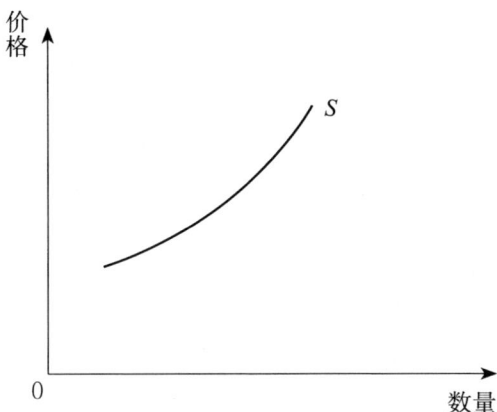

图 1-3　供给曲线

（三）供给量对价格变化反应的敏感程度

假定影响供给的其他因素不变，这些因素包括成本和技术，只考虑商品价格这一因素，得到一条供给曲线。判断供给量对价格变化反应的敏感程度的第一种方法是依据供给曲线的倾斜程度。如果曲线较为平缓，斜率较小，则供给量对价格变化的反应较为敏感，即供给量会因价格变化而产生较大的变化。如果供给曲线较为陡峭，斜率较大，则供给量对价格变化的反应程度较不敏感。第二种方法为依据一种没有单位的度量这种敏感程度的指标，供给价格弹性，即市场价格每增加百分之一引起的供给量增加的百分比。如果价格弹性小于1，则供给量对商品价格的变化较不敏感，称为缺乏弹性。如果价格弹性大于1，则供给量对价格的变化较为敏感，称为具有弹性。

（四）供给价格弹性的计算公式

通常用供给量变动的幅度对价格变动幅度的比值，即供给价格弹性系数来表示。计算公式：

$$E_S = \frac{\Delta Q}{Q} \div \frac{\Delta P}{P} = \frac{\Delta Q}{\Delta P} \cdot \frac{P}{Q}$$

此式中，E_S代表供给价格弹性系数，Q代表供给量，ΔQ代表由价格变动引起供给的增量或减量，P代表生产者价格，ΔP代表生产者价格增量或减量。供给量与价格按相同方向变动，供给价格弹性系数为正值。弹性系数大于1，表示供给富有弹性；弹性系数小于1，表示供给缺乏弹性；弹性系数等于1，表示供给弹性单一。现实生活中，资金密集、技术密集型行业经营规模改变困难，其产品供给弹性小，劳动密集型行业经营规模改变容易，其产品的供给弹性大；农产品中，木材等生产周期长的供给弹性小，蔬菜等生产周期短的供给弹性大；易腐变质、难以储存或有储存期限的产品供给弹性小，易于储存的产品供给弹性大。

四、生产者剩余

（一）定义

供给曲线代表的是厂商生产产品的边际成本，也是厂商能够接受的最低市场价格，但是在竞争性市场当中，厂商实际获得的价格是市场价格，所以在厂商能够接受的最低价格与市场价格（实际支付的价格）之间的差距，就是生产者剩余，这是竞争性市场为生产者提供的福利。将每一个数量点上的生产者剩余加总，就是生产者剩余。

（二）计算方法

首先计算生产者生产和销售的全部商品的总成本。根据图1-4可知，向市场供应的第一台电脑，有些厂商愿意以约400美元的价格出售，这一价格刚好在供给曲线与价格轴的交点上。这也是生产和销售第一台电脑所耗费的成本。通过供给曲线可知，有些厂商愿意以略高一点的价格出售第二台电脑，因为生产第二台电脑的额外成本略高些，依此类推。通过对所供应每一单位商品的供给曲线的高度加总，可以用供给曲线以下的整个面积来度量生产者在生产和销售这一数量的商品中所耗费的总成本。

例如，对于出售15 000台电脑，生产者的总成本相当于图1-4中z的面积。其总成本能够用货币来测量，但对整个经济来说，它最终代表一种机会成本，即由于将资源用于生产该商品而放弃生产的其他商品和服务的价值。

生产者获得的总收入是市场价格与销售数量的乘积。例如，生产者以每台1 000美元的价格销售15 000台电脑，则总收入为1 500万美元，即e+z的面积。由于生产者本愿意在1 000美元以下供应一些电脑，但所有的电脑都以每台1 000美元出售，就会产生净经济福利收益，这一净收益就是收入与生产成本的差额。这一净收益被称为生产者剩余，就是e的面积，即价格线以下，需求曲线以上的部分。具体计算，生产者剩余等于（1/2）×（1 000美元-400美元）×15 000，即450万美元。

生产者剩余的大小（即生产者福利的大小）很大程度上取决于价格高低。价格越高，生产者剩余越大。例如，在例子中，如果每台电脑的市场价格是2 000美元，由于生产者以更高的价格销售了更多产品，他们的福利得到了增加。生产者剩余从一个较小的三角形e，变为一个更大的三角形（e+w+v）面积，生产者剩余的增值为面积（w+v）。具体计算为，（2 000美元-1 000美元）×15 000+（1/2）×（2 000美元-1 000美元）×（40 000-15 000），即增加值为2 750万美元。更高的市场价格既增加了那些愿意接受更低价格的生产者的经济福利（面积w），又增加了那些提供额外生产量的生产者的经济福利（面积v）。

B. 供给

价格（$/单位）

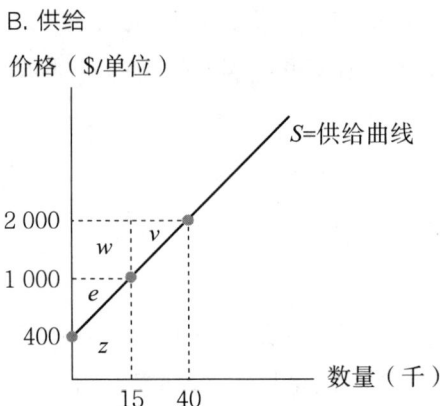

图 1-4   电脑的供给曲线

五、无国际贸易的国内市场

（一）定义

（1）国内市场均衡：当国内市场上需求量与供给量相等时，国内市场就实现了均衡。相对应的有一个均衡数量和均衡价格。（2）动态均衡：市场均衡是在动态过程中的一种相对稳态。价格起到重要作用，当价格偏离均衡价格时，供给量和需求量就会发生一定的变化，使价格恢复到均衡价格水平。当价格低于均衡价格时，供给量小于需求量，形成供求缺口，更多消费者进入市场，促使价格上涨；当价格高于均衡价格时，供给量大于需求量，价格下降。以上两种情况都是不稳定的，而只有当价格等于均衡价格时，才处于稳态。

（二）举例说明

假定图1-2中的D代表市场对该品牌电脑的国内需求曲线，图1-4中的S代表对该产品的国内供给曲线，把两个图合并为一个描绘国内电脑市场的供需图，即图1-5。如果没有国际贸易，国内市场中需求曲线与供给曲线的交点处的价格则为国内均衡价格，此时国内需求量等于国内供给量。在图1-5中无国际贸易的均衡点位于A点，价格为每台2 000美元，总的供给和需求量为40 000台。消费者和生产者都从市场交易中获益，消费者剩余是面积c，生产者剩余为面积h。

在这个例子中，双方获得了相同量的剩余，面积c等于面积h，均为3 200万美元。一般来说，这两部分可能不相等，但消费者剩余和生产者剩余都为正值。例如，在图1-5中，如果需求曲线更为陡峭（需求缺乏弹性）或者供给曲线更平缓（供给具有弹性），消费者剩余便会大于生产者剩余。

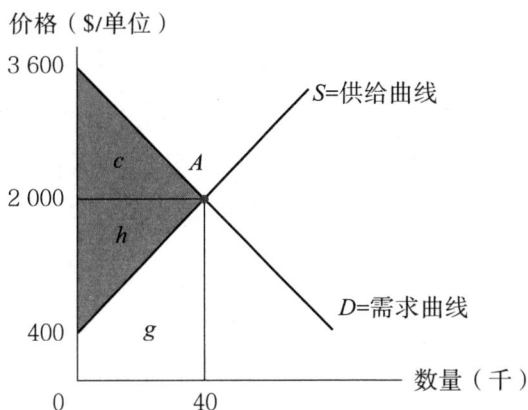

价格（$/单位）

图 1-5 供给与需求曲线

■ 案例再现

什么使进口商品价差如此巨大

曾在中国内地市场连续5年涨价15%左右的香奈儿，近日宣布，今年在内地市场降价20%，同时在欧洲市场提价20%，使得两个市场曾经高达40%~50%的价差缩小至5%以内。以其某经典款手袋为例，调价后内地与欧洲的价差由1.47万元人民币缩小为1 700元人民币左右，售价均已在3万元人民币左右。

过去，一谈到进口商品境内外价差，很多人首先把棒子打到中国的关税上。尽管海关等部门多次表示，目前我国绝大多数商品进口关税在10%以下。多家奢侈品电商也透露，进口关税只占奢侈品成本价的10%左右，占其售价的比例则更低。但是，消费者对这类解释一直是将信将疑——如果关税影响不大，到底是什么使境内外差价如此巨大？此次香奈儿调价后境内外价差缩至5%，足见除了物流、销售成本差异外，跨国公司定价差异的作用不可小看。在不同市场采取不同的定价策略，是一种企业最大限度获取消费者剩余的行为。跨国公司为获取超额利润在不同国家实施不同定价策略的现象非常普遍。跨国公司也曾经一度以此分割不同国家的消费者。然而，这样的定价策略要想持续，定价方必须保持买家信息不对称的状态，并有效阻止一些买家贱买贵卖的转卖行为。

近年来，跨国公司在中国内地市场的定价策略越来越不受欢迎。奢侈品消费增速曾在内地市场一路上扬，但到了2014年首次出现负增长。与之形成鲜明对比的是中国人在海外市场的强劲购买力。出现这种变化，原因是多方面的，其中很重要的一点，不是钱包鼓起来的中国消费者不买了，而是中国消费者变聪明了，知道该怎么买了：首先是出国买。出境游也不再限于高收入群体，中等收入群体渐成主力。看到境内外巨大的价差，消费者自然用脚投票。跨国公司的定价策略已经无法用地域有效分割不同国家的消费者了。其次是上网买，在互联网全球化的今天，代购、跨境电商的兴起，更是给差别化定价以致命一击。要说出国游门槛还是有点高，那上网海淘已经是拿起鼠标或手机随时随地就可以办的事了。天猫推出全球买全球卖，亚马逊推出中国直邮……奢侈品行业不仅无法抵挡电商全球化的巨大潮流，也无法阻止蜜蜂般勤劳又庞大的代购军团蚕食利润。

■ 案例解析

根据案例中的材料，中外奢侈品价格的差异是由于国外企业的价格歧视，即通过在不同市场上进行差异化的定价来实现利润最大化的目标。价格歧视的实现有三个条件：一是厂商能够区分需求弹性各不相同的买方。国外企业可以看到，由于中国的人均收入水平迅速提高，因此对于奢侈品的需求大范围同步出现，此时对于奢侈品的需求价格弹性相对较低；而在发达国家，人们对奢侈品的消费相对理性，需求价格弹性相对较高。二是不会出现低买高卖的现象。在通信技术和国外旅游没有充分发展的阶段，国际贸易成本较高，信息也不够对称，因此即使从国外低价购入，到国内销售时的价格也会由于物流成本和关税成本而提高，因此不会出现低买高卖。三是价格差异不会引起消费者的反感。由于存在信息不对称，消费者未必知道国内外价格的差异。

■ 案例启示

价格是由供给和需求共同决定，因此价格差异要从两个方面入手分析。第一，供给方面。国内物流成本较高可能是导致同样的产品在中国和外国成本不同，即使生产成本相同，但是物流成本高也会使到达消费者时商品成本更高。另外，关税成本也会提高奢侈品的国内成本。第二，需求方面。需求价格弹性较低可能是导致价格更高的原因。国内消费者收入增长较快且同步，于是对于奢侈品的需求会排浪式的出现，相对而言，奢侈品牌的供给可能不那么充分，替代品可获得性不强，导致相对于国外而言较低的需求价格弹性。另外，奢侈品牌定位中的品牌历史、品牌故事，以及品牌本身的高价，也使得人们产生"炫耀性消费"的心理，降低了需求的价格弹性。

第二节　两个国内市场及贸易开放

■ **知识点串讲**

一、两种不同的国内均衡

本节我们仍以电脑贸易为例，讨论电脑的国际贸易。如图1-6所示，从左至右分别是美国市场、国际市场、世界其他国家的市场，将美国市场视为国内市场。当两国市场封闭时，由于商品在两国间无法实现流动，因此两国的均衡价格和均衡数量均有所不同，尤其是均衡价格不同。美国的均衡价格为2 000美元，世界其他国家均衡价格为700美元。此时，两国国内市场是均衡的。

当两国向对方开放市场时，不同的国内均衡价格可能会导致出现国际贸易。发现价格差异的人可能进行低买高卖赚取利润，可能在世界其他国家以每台700美元的价格买进，然后在美国以每台2 000美元的价格卖出，进而从每台电脑中获利1 300美元（未扣除其他费用之前）。此行为被称为套利，即通过在一个市场买进某产品，在另一个市场卖出该产品而赚取差价。

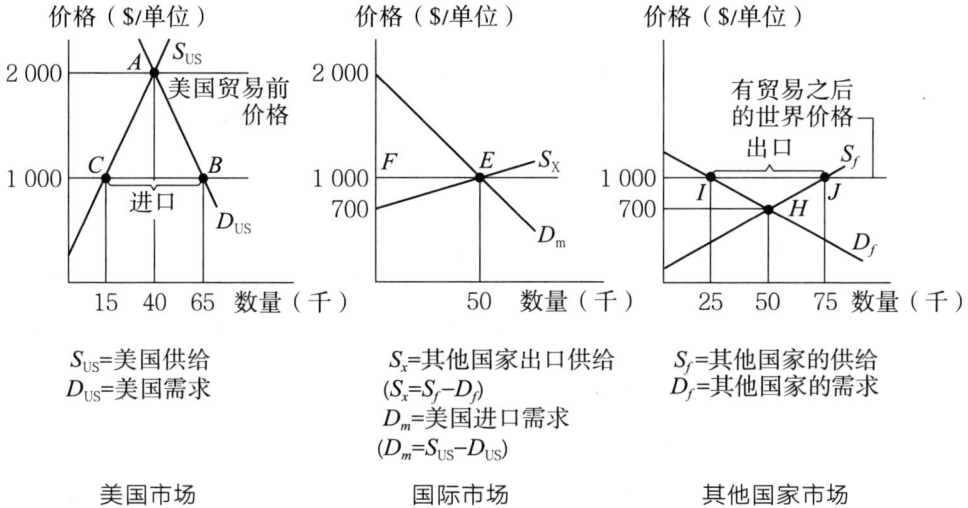

图 1-6 贸易对生产、消费和价格的影响

二、自由贸易均衡

（一）定义

自由贸易均衡是指两个国家贸易开放后在国际供给和需求的影响下的市场均衡。

（二）开放贸易对两国国内的均衡产生影响

在自由贸易的条件下，低买高卖的出现会影响两国的市场价格。美国会出现额外的供给（其实就是供给曲线右移），它来自于其他国家的出口供给，使美国的均衡价格下降。其他世界市场上会出现额外的需求（需求曲线右移），它来自于美国的进口需求，额外的需求会使世界其他国家市场价格上涨。在无运输成本的情况下，两国的价格会趋同，成为国际价格或世界价格。

（三）世界价格的形成——进口需求曲线和出口供给曲线

通过构建电脑的国际贸易市场来分析世界价格的形成。在美国可能的进口价格上，都可以确定美国需要进口的产品数量。进口需求曲线主要看，在每个价格水平上美国需求量超过供给量的部分（需求曲线和供给曲线的差距）。例如，在美国电脑的价格为每台2 000美元时，美国国内市场电脑的供给量刚好等于需求量，此时不存在超额需求，进而也不存在进口需求。如果美国市场每台电脑的价格为1 000美元，则存在超额需求，即距离CB，等于50 000台，这一价格便创造出了50 000台电脑的进口需求。通过计算2 000美元以下各价格条件下的超额需求，我们可以画出代表美国进口需求的需求曲线D_m，如图1-6中国际市场的进口需求曲线。

世界其他国家的出口供给也能以相似的方法来确定。出口供给代表世界其他国家电脑市场的超额供给，出口供给曲线主要看每个价格水平上世界其他国家供给量超过需求量的部分（供给曲线与需求曲线的差距）。例如，在单价为700美元时，世界其他国家市场中电脑的供给量等于需求量，即没有超额供给，进而也没有出口供给。当该市场价格为1 000美元时，超额供给为距离IJ，等于50 000台电脑，此时该价格条件创造出了50 000台电脑的出口供给。通过计算700美元以上各价格条件下的超额需求，我们可以画出供给曲线S_x，代表世界其他国家的出口供给，如图1-6中国际市场的出口供给曲线。

自由贸易的均衡点位于国际市场中进口需求曲线和出口供给曲线的交点E，为国际价格，此时进口需求量等于出口供给量。国际价格对应的贸易量为50 000台，自由贸易均衡价格为每台1 000美元。这一均衡也可被看作世界上总需求和总供给的平衡。国际价格也是每一自由贸易国家的国内市场价格。在单价为1 000美元时，世界总需求量为90 000台（美国为65 000台，世界其他国家为25 000台），世界总供给量也为90 000台（美国为15 000台，世界其他国家为75 000台）。美国国内市场的超额需求（CB）为50 000台，正好与世界其他国家的超额供给量（IJ）相等。

两条曲线的交点决定的是国际市场均衡，此时，美国的进口需求量与国外的出口供给量相等。如果国际价格高于1 000美元，则美国进口需求量低于50 000台，其他国家的出口需求量高于50 000台。由于进口需求量小于出口供给量，因此国际价格面临向下的压力，从而使其恢复到均衡价格水平。

三、从封闭到开放：对进口国的影响

（一）对消费者和生产者的影响

对美国（进口国）来说，从没有贸易向自由贸易的转变降低了产品的市场价格。美国消费者会受益。如图1-7所示，消费者剩余增加$a+b+d$，其中，$a+b$是原有的消费者会享受更低的价格，而d是因为由于价格降低，使更多的消费者获得消费的机会。美国生产者会受损，生产者销售价格降低，生产量下降。生产者剩余从无贸易条件下面积$e+a$，减少到自由贸易条件下面积a。一方面，一部分厂商由于价格下降，使其无法弥补其边际成本，而退出市场；另一方面，仍保留在市场当中的厂商的剩余下降。

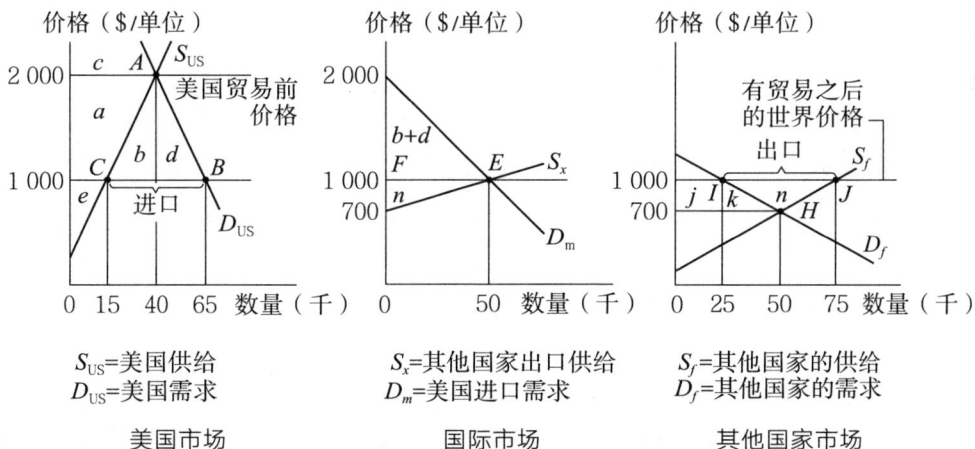

S_{US}=美国供给
D_{US}=美国需求

美国市场

S_x=其他国家出口供给
D_m=美国进口需求

国际市场

S_f=其他国家的供给
D_f=其他国家的需求

其他国家市场

图 1-7　供给—需求框架下的国际贸易

（二）对净国民收益的影响

美国消费者从开放贸易中收益面积为$a+b+d$，美国生产者因此损失面积为a，那么应怎么评价国际贸易对美国净福利的影响呢？经济学家曾利用一种价值判断来解决这一问题，本书将其称为1美元一投票权的原则，即分析者同等看待得到或损失的每1美元，无论获益或受损的是谁。这一评判标准意味着，评判贸易对美国净福利是基于贸易对总福利水平的影响，而不是福利分配的影响。

如果接受1美元一投票权的原则，对于美国从国际贸易获得的国民净福利就可以通过一个公式计算出，如果美国消费者从开放贸易中收益面积为$a+b+d$，美国生产者损失面积为a，那么国际贸易为美国带来的净福利为$b+d$。计算公式为：价格下降幅度×进口量/2，即（2 000美元-1 000美元）×（65 000台-15 000台）/2，等于2 500万美元。因此，衡量国民净福利是对贸易量的估算和对因贸易引起的价格变化的估算。

四、从封闭到开放：对出口国的影响

（一）对消费者和生产者的影响

对世界其他国家的分析方法与上面类似，从没有贸易向自由贸易的转变提高了产品的市场价格。价格的上涨使出口国的消费者受损，消费者剩余减少$j+k$。一方面，一部分消费者退出市场；另一方面，留在市场上的消费者由于价格上涨，剩余减少。出口国的生产者受益，生产者剩余增加$j+k+n$。一方面，原有厂商获得更高销售价格；另一方面，更多厂商进入。

（二）对净国民收益的影响

如果采用1美元一投票权的原则，对于世界其他国家从国际贸易获得的国民净福利与上述计算方法相似，如果世界各国生产者从开放贸易中收益面积为$j+k+n$，消费者损失面积为$j+k$，那么国际贸易为世界其他国家带来的净福利为n。计算公式为：价格上涨幅度×出口量/2，即（1 000美元-700美元）×（65 000台-15 000台）/2，等于750万美元。

五、哪国受益更多

上述分析表明，开放贸易使两国均受益，体现为净国民收益均提高，所以很明显，整个世界也从国际贸易中受益，国际贸易是正和活动。与此同时，各国从贸易中获利一般是不相等的，即$b+d$的面积一般不等于n的面积。但这两个三角形的大小很容易比较，因为进出量相等，三角形的底相同，三角形的高为一国从无国际贸易到开放贸易的过程中价格的变化幅度。因此哪个国家受益更多，取决于哪个国家的价格变化幅度大，陡峭的曲线方受益更大。在上述案例中，美国受益更大，因为美国商品的价格从2 000美元下降到1 000美元，下降幅度为1 000美元，大于世界其他国家商品的价格上涨幅度300美元。而实际计算得出，美国从各种产品的受益达2 500万美元，其他国家受益750万美元，确实小于美国受益。

■ **案例再现**

境外购物热的原因

近年来，国人在海外的购物非常火热，大家把全世界买成了"奶粉荒"，商务部将采取哪些措施来促进这些海外的消费力回流？

中国的出境人数已超过1亿人，中国的境外购买力也在迅速地增长。根据不完全统计，中国境外消费已经超过1万亿元人民币。形成这样一个境外消费的成因是多种的，其中一个主要原因是价格的差异。

初步分析形成这种价格悬殊导致境外采购、境外消费迅速增加大概有这样几个原因：一是在税费上有着比较高的税率，特别是在某些产品的消费税，这是形成比较悬殊价差的因素之一。二是国内的流通环节过多、成本过高，市场仍然存在着在物流方面和管理方面进一步减少成本的空间。三是国外品牌商对华的定价政策。我们下一步采取措施引导国外采购的回流也要从以上三个方面着力。

当然，境外购物和消费是居民的个人选择，这两年来我们在国内外消费市场中有一个两极分化的现象，从国内来说，越来越多的消费是个性化和多元化，而在国外的购物却呈现了一种单一化和模仿式的消费。随着中国居民消费观念的改变，这种局面也会像前些年的"你有、我有、人人有"这种排浪式的、模仿性的消费逐步转向理性，回到正常的消费状态。

■ 案例解析

根据案例中的材料，海外购物热主要原因是国内外同种商品存在价格差异，国内的价格高于国外，所以导致人们到国外购物。从理论上讲，价格差异会导致国际贸易的产生。

■ 案例启示

不同国家相同产品价格的差异根本原因在于国际贸易成本较高使得中国和外国成为两个相互独立的市场，而两个市场上的供给和需求条件的差异决定了中国价格较高，而外国价格较低。但是这种价格差异恰恰也是推进国际贸易扩大的内在动力，一旦出现某些变动使得国际贸易成本下降，国际贸易规模的扩大就会加速推进两个市场"一体化"，从而使价格也逐渐趋同。首先，通信技术的发展使得人们更容易了解国外商品价格的信息，这体现为互联网的迅速发展。互联网使人们注意到有些商品在国外价格低廉，所以其消费理念也发生了一定的变化，变得更加理性和成熟；同时，互联网技术的发展导致的跨境电商的出现也使得国际物流的整合，降低了物流的成本。其次，跨境电商发展初期阶段往往采用国外散装发货的方式，可以在一定程度上避免关税，从而也降低了关税成本。最后，出境游带动了从国外代购的贸易形势发展，由于是顺便带货，不增加新的成本，同时散货也没有关税成本。总之，贸易规模的扩大缩小了价格差异。

第二章

比较优势理论

本章学习目标

1. 亚当·斯密的绝对优势理论。

2. 大卫·李嘉图的比较优势理论。

3. 用生产可能性曲线来解释比较优势基础上的贸易对福利的影响。

第一节　重商主义理论

■ **知识点串讲**

（一）背景

重商主义指的是1500—1750年间存在于欧洲的经济思想的统称。重商主义把国际贸易视为一国主要的福利来源，认为从事贸易尤其出口的商人们劳苦功高，因此该理论被称为重商主义。这些观点是这一时期经济思想与经济政策的主导意见。其中许多观点源自于当时一些经济事件，而且还借助政府决策的作用影响了历史进程。

对重商主义思想的发展产生了影响的一系列历史事件包括：新大陆的发现提供了新的贸易机会，也扩展了国际联系的范围，人口的迅速增长，文艺复兴带来的冲击，商人阶级的兴起，在新世界贵金属的发现，人们对利润与积累的旧有理念的改变以及民族国家的兴起等。

（二）前提假设

重商主义的前提是：一国的福利或财富的基本表现形式是金和银的拥有量。因此，出口应该得到鼓励，而进口仍需要严格禁止。贸易是零和博弈，除了进口一些必需的生产资料之外，其他进口都应该被禁止。

重商主义的观点有一个关键的暗含假定：经济运行处于非充分就业状态下，因此，增加货币供给就会对经济形成刺激，导致产出和就业增长，而不容易引发通货膨胀。因此保持贸易差额为正将对一国有益。显然，当进口大于出口即贸易逆差时，将会引出相反的结果。

（三）主要内容

重商主义分为早期重商主义和晚期重商主义。早期重商主义理论又称为货币平衡理论，晚期重商主义理论又称为贸易平衡理论。货币平衡论，顾名思义是以货币多寡作为衡量贸易利得的唯一标准，主张积累货币，贸易顺差是其主要目标。贸易平衡论，注重长远利益，并不局限在短期的货币得失，注重长期贸易利得，即必要的贸易逆差是为以后更大的贸易顺差服务，其目标是长期的贸易顺差。

通过比较货币平衡论与贸易平衡论可以更深刻地理解重商主义：

（1）早期和晚期重商主义的共同点：a. 它们都认为金银货币是最好的财富，一切经济活动的目的是为了获取货币。b. 它们都主张国家采取有力的措施保护本国工商业，促进对外贸易的发展。c. 它们都认为除了开采金银矿，进行对外贸易是获得财富的唯一源泉。d. 它们都主张实现贸易顺差、出超。

（2）早期和晚期重商主义的不同点：a. 对获取金银财富的眼光不一样。早期重商主义主张国家以行政手段禁止货币外流，而鼓励吸收国外货币，增加本国货币存量。晚期重商主义主张国家允许货币的外流来发展本国工商业，但必须收回更多的货币。b. 对货币作用的认识不一样。早期重商主义把货币当作储存手段，主张积累货币来增加财富，但他们没有认识到这些资本是死的。晚期重商主义认为货币是增值的手段，使货币资本流动起来，带来更多的货币。

（四）重商主义的评价

重商主义是西方最早的国际贸易学说，它在历史上曾起到过积极作用，并具有一定的现实意义。（1）重商主义理论促进了欧洲各国的货币积累和工商业发展。（2）重商主义追求贸易顺差、强调政府干预经济、奖入限出以及鼓励发展出口等诸多政策，对现代商业也有重要影响。（3）重商主义首次提出了贸易顺差、贸易逆差、贸易平衡等诸多概念，它已经开始把经济看作一个系统，并把对外贸易看成这个系统非常重要的组成部分。（4）重商主义关于进出口对国家财富的影响对后来凯恩斯的国民收入决定模型也很有启发。

但重商主义我们现在看来是错误的：（1）贸易顺差不可能持续。大卫·休谟的价格—货币流动机制。他认为，通过贸易盈余来积累黄金的做法会导致 ·国货币供给增加，推动价格和工资水平上涨，从而降低贸易盈余国的竞争力。货币在国家间的流动扮演了自动调节机制的角色，总能使一国的出口额和进口额相等。（2）国民福利不在于金银数量，而在于生产能力（也就是生产最终产品和服务的能力）和消费能力。进口扩大人们的消费可能性，而出口可以换得更多进口。

第二节　亚当·斯密的绝对优势理论

■ **知识点串讲**

（一）理论的提出背景

绝对优势理论又称为绝对成本说，该理论将一国内部不同职业之间、不同工种之间的分工原则推演到各国之间的分工，从而形成其国际分工理论。绝对优势理论是最早的主张自由贸易的理论，由英国古典经济学派主要代表人物亚当·斯密在其1776年所著的《国富论》创立。

亚当·斯密是英国产业革命前夕工厂手工业时期的经济学家。产业革命是指从工厂手工业转向机械大工业的过渡，在这一过程中封建主义和重商主义是实现这一变革的障碍。当时，重商主义盛行，认为国际贸易是零和博弈。而英国资产阶级迫切要求扩大对外贸易，为的是从国外获得廉价原材料，并且为其产品寻找更大的海外市场。亚当·斯密代表工业资产阶级的要求，在1776年出版的代表作《国民财富的性质和原因的研究》（简称《国富论》）中猛烈抨击了重商主义，鼓吹自由放任，系统地提出了绝对优势理论。

（二）基本假设

（1）国际经济体只有两个国家，生产两种产品，使用劳动这一种生产要素，即我们常说的"2×2×1"模型。

（2）劳动供给给定，生产一单位产品的劳动投入是唯一给定的，即技术水平不变，规模报酬不变且市场完全竞争。

（3）双方在其中一种产品的生产上所消耗的劳动成本要绝对低于对方，即具有绝对优势。

（4）国内商品市场和生产要素市场自由竞争，劳动力在每个国家不同部门之间完全自由流动；国际间商品自由流动，但生产要素（劳动）不能自由流动。

（5）不考虑生产之外的其他成本，两国完全自由贸易，无任何贸易壁垒、保险费、运输费等交易成本。

（三）核心观点

绝对优势是用产品单位绝对成本或劳动生产率来衡量的生产竞争力。产品的绝对成本越低，或劳动生产率越高，则具备绝对优势。在亚当·斯密的理论中，假设劳动是唯一的生产要素，因此产品的生产成本是由劳动小时数来衡量的。一种生产所使用的劳动小时数越少，则绝对成本越低，即具备绝对优势。具体而言，即生产效率的衡量标准有两个，劳动生产率：一个劳动力在一个小时可以生产的产出单位数量，劳动生产率高的具备绝对优势。单位产品成本：劳动生产率的倒数，单位产品成本低的具备绝对优势。

　　绝对优势理论认为，国际分工可以提高劳动生产率，而分工的原则是各国发挥各国的优势。故而该理论认为一国应专门生产并出口其具备绝对优势的产品，进口其具备比较劣势的产品。在《国富论》当中，亚当·斯密将国家比作家庭，认为每个家庭都只生产其消费的产品的一部分，而另一部分则会到别人那里购买。

　　亚当·斯密相信，贸易是正和博弈，人们自由地谋求自身利益的环境最有利于提高生产能力。追求自身利益将推动人们根据各自具有的特殊能力来专业化生产并交换商品和劳务。无论是物物交换还是通过媒介的交换，自然的发展趋势是通过逐步深化劳动分工与专业化来提高生产率。自身利益是催化剂，竞争是自动调节机制。他认为政府的自由放任政策（在法律、社会秩序许可的范围内，在尊重私人产权的前提下，允许个人从事自己选择的活动）将为增进一国财富提供最佳的经济环境。

（四）绝对优势理论的例证

　　以中国和俄罗斯之间的贸易做一个例证。假设中国和俄罗斯各有一定的劳动总量可以用来生产玉米和小麦。中国生产1吨小麦需要10小时的劳动，生产1吨玉米需要20小时的劳动；俄罗斯生产1吨小麦需要40小时的劳动，生产1吨玉米需要10小时的劳动，如表2-1所示。

表 2-1　　　　　　　生产 1 吨小麦或玉米所消耗的劳动量

国家	小麦	玉米
中国	10	20
俄罗斯	40	10

由表2-1可知，中国在生产小麦方面具备绝对优势，因为其劳动生产率高，而单位产品成本低。俄罗斯在生产玉米方面具备绝对优势，因为俄罗斯生产玉米的劳动生产率高，单位成本低。

接下来我们通过假如没有国际贸易时的生产状况与开展贸易后的生产状况进行比较。假设每个国家用100小时的劳动生产小麦，100小时的劳动生产玉米。没有进行国际贸易的情况如表2-2所示。

表 2-2　　　　　　没有进行国际贸易各国的产量及总产量

国家	小麦	玉米
中国	10	5
俄罗斯	2.5	10
总产量	12.5	15

按照绝对优势理论进行国际分工，假设中国用总的200小时劳动专门生产小麦，俄罗斯用总的200小时劳动专门生产玉米，此时的各国产量及总产量如表2-3所示，分工后，玉米和小麦的总产量都提高了。

表 2-3　　　　　　　　分工后的生产

国家	小麦	玉米
中国	20	0
俄罗斯	0	20
总产量	20	20

假设1吨玉米可以换1吨小麦，那么中国用8吨小麦交换俄罗斯8吨玉米后的情况如表2-4所示。

表 2-4　　　　　中国用 8 吨小麦交换俄罗斯 8 吨玉米

国家	小麦	玉米
中国	12	8
俄罗斯	8	12

此时，将表2-4与表2-2没有发生国际贸易的情况相比，各国因为对外贸易所增加的消费量如表2-5所示。由此可见，根据绝对优势理论，在开放贸易的情况下，各国可以将劳动力从无优势部门转移到具备优势的部门，并进行贸易，给两国都带来了利益。对全世界而言，小麦和玉米的产量都增加了，而劳动总量未变，因此劳动生产率提高了。亚当·斯密因此强调了分工和专业化的好处，即一国应该仅生产具备优势的产品，而通过交换获得具备劣势的产品。

表 2-5 　　　　　　　　　对外贸易增加的消费量

国家	小麦	玉米
中国	8	3
俄罗斯	5.5	2

（五）绝对优势理论的评价

理论贡献：绝对优势理论建立在劳动价值理论的基础上，是对国际贸易问题的第一次科学的探索，具有十分重要的历史意义。绝对优势理论指出，国际贸易并不是重商主义所倡导的零和博弈，而是双方都能获利的一种活动，这为自由贸易政策提供了理论基础。

理论局限性：该理论以静止的观点看待动态的世界，具有片面性，且认为劳动生产效率是不变的，这显然是错误的。它最大的局限性在于它只是解释了国际贸易中的一种特殊的情形，即只是具有绝对优势的国家之间进行自由贸易才能获益，对于没有绝对优势的国家在自由贸易中是否获益并没有做阐释，是不是这样的国家不能参加国际贸易呢？绝对优势理论对此无法做出解释，绝对优势只是国际贸易中的一种特例，这显然是绝对优势理论的一大缺憾。

第三节　李嘉图的比较优势理论

■ **知识点串讲**

（一）理论背景

比较优势理论是由英国经济学家大卫·李嘉图在其《政治经济学及其赋税原理》一书中首次提出。解释了即使一国没有任何绝对优势，仍然可以通过贸易受益的问题。若一国生产某种产品的机会成本低于其他国家生产该种产品的机会成本，则该国在该种产品的生产上具有比较优势。所谓机会成本就是生产单位 A 种商品所必须放弃的生产B种商品的产量。机会成本的存在，原因是生产要素的存量是有限的，多生产 A 种商品一定会导致从B种商品处转移生产要素。

（二）基本假设

（1）国际经济体只有两个国家，生产两种产品，使用劳动这一种生产要素，即我们常说的"2×2×1"模型。

（2）单位劳动投入不相等，即每个国家不同生产部门的单位劳动投入要求不同，且不同国家同一部门的单位劳动投入也不相同。

（3）国内商品市场和生产要素市场自由竞争，劳动力在每个国家不同部门间完全自由流动；国际间商品自由流动，但生产要素（劳动）不能自由流动。

（4）劳动时间决定商品的价值，即劳动价值论，假定所有的劳动都是同质的。

（5）生产一单位产品的劳动投入是唯一给定的，不存在技术发展和经济进步、不存在规模收益的递增或递减，即每个国家的技术水平是固定不变的。

（6）两国完全自由贸易，无任何贸易壁垒，也无运输、保险等成本。

（三）核心观点

一国应该生产并出口具备比较优势的产品，进口不具备比较优势的产品。比较优势的基础是机会成本的高低，机会成本低的生产具备比较优势。两种商品的机会成本是互为倒数的，因此如果一种商品的机会成本低，那另一种商品的机会成本就高，不可能存在两种商品的机会成本均高或均低的现象。从表面上看，机会成本就是两种商品的比价，即两种商品各自的相对成本，用B种商品数量来衡量的A种商品的成本。

（四）绝对优势理论的例证

同样我们仍用小麦和玉米代表两种商品，用中国和俄罗斯代表两个国家。假设中国生产1吨小麦需要10小时的劳动，生产1吨玉米需要15小时的劳动；俄罗斯生产1吨小麦需要40小时的劳动，生产1吨玉米需要20小时的劳动，如表2-6所示。

表 2-6　　　　　　生产 1 吨小麦或玉米所消耗的劳动量

国家	小麦	玉米
中国	10	15
俄罗斯	40	20

在这个例子中，中国在两种产品的生产上都具有较低的劳动生产率，俄罗斯无论生产小麦还是玉米都需要更多的劳动时间。换句话说，

俄罗斯不具有绝对优势，中国在生产玉米和小麦两种商品上都具备绝对优势，那么俄罗斯将从事何种产品的贸易？贸易是否会给双方带来净收益呢？

与分析绝对优势模型一样，从假设这两个经济之间没有贸易的情况开始。李嘉图与斯密一样都认为，只要不存在国际贸易，市场价值和价格便由劳动成本决定。从机会成本的角度考虑，在俄罗斯，当不存在贸易时，人们需花40个小时的劳动来生产1吨小麦，花20个小时就可以生产1吨玉米，即生产1吨小麦的劳动时间可以生产2吨玉米。在中国，当不存在贸易时，人们需花10个小时的劳动来生产1吨小麦，花15个小时生产1吨玉米，即生产1吨玉米的劳动时间可以生产1.5吨小麦。两种商品的机会成本是互为倒数的，因此，一国不可能在两种商品方面都具备比较优势。

在自由贸易的过程中，只要两国在各自机会成本之间找到一个中间价格，假设最终国际价格为1吨小麦可以交换1吨玉米。则在国际贸易中，中国受益，中国可以专门生产小麦，生产1吨小麦放弃生产0.67吨玉米，但在俄罗斯市场上可以用1吨小麦换来1吨玉米。俄罗斯也受益，俄罗斯可以专门生产玉米，生产1吨玉米放弃生产0.5吨小麦，但是在中国市场上可以用1吨玉米换来1吨小麦。

贸易的得益也可以从节约的劳动时间中看出，例如，中国用10个小时劳动生产1吨小麦，在俄罗斯市场上可换来1吨玉米，即用10个小时间接生产了1吨玉米，而如果直接在国内生产玉米，则需要花15个小时，通过国际贸易，中国节约了5个小时劳动力。

开展有利可图的国际贸易，将会逐渐使得两个独立国家的商品价格趋向新的国际均衡水平。随着人们从中国市场出口小麦，在中国，小麦相对于玉米的价格就会上升。同样道理，俄罗斯的小麦会变得更为便宜，这要归功来自中国的小麦进口。所以，在原来小麦比较便宜的地方，它会变得越来越贵；而在原来小麦较贵的地方，它会变得越来越便宜（对玉米来说，也会发生相同的变化过程）。这种趋势会一直持续到两国的价格都达到某个国际均衡价格为止。

对比绝对优势与比较优势模型，可以发现比较优势理论的关键在于贸易之前两个国家的价格应该存在差异，而它们为什么存在差异则是无关紧要的。该国是否从贸易中获益与劳动生产率无关。贸易方向和贸易收益取决于每个最终产品在机会成本上的差异。也就是说，你想要获得这种产品所必须放弃生产其他产品的数量。国际贸易的关键在于在没有国际贸易的情况下，中国生产1吨小麦的机会成本（需要放弃生产0.67吨的玉米）与俄罗斯生产1吨小麦的机会成本（需要放弃生产2吨玉米）存在着差异。因此，李嘉图通过改变只有在各国都拥有绝对优势时才会发生贸易这样一种观念，而将贸易理论向前推进了一步。

（五）绝对优势理论的评价

1. 比较优势理论的贡献

（1）比较优势理论在历史上起到过重要的进步作用。该理论为自由贸易政策提供了理论基础，为英国工业资产阶级争取自由贸易提供了强大的武器。自由贸易政策促进了英国工业的迅速发展，促使英国成为世界工厂。

（2）它解决了绝对优势理论的缺陷，认为一国即使在生产上没有绝对优势，它仍然可以参加国际贸易，比斯密的绝对优势理论更具有普遍意义。

2. 比较优势的局限性

（1）比较优势理论所假设的前提比较苛刻，不符合国际贸易的实际情况。

（2）比较优势理论所研究的是一个静态的世界，它所揭示的是一个国家短期的静态利益，对于长期的动态利益，该理论无法很好预期。

（3）它只是论证了根据比较优势理论，各国都会从国际贸易中获益，但是对于更加复杂的问题，比如贸易利得的分配、互利贸易的范围等问题并没有提及。

（4）同绝对优势理论一样，比较优势理论也是以劳动价值理论为基础，所有劳动都是同质的，任何一种商品的价值都取决于其劳动成本。仅用劳动成本的差异来解释国际贸易的利益是不完整的。

■ **案例再现**

春节赴日游客抢购马桶盖为国产产品

春节前，王先生报名旅行社跟团到日本旅游，身负许多亲朋好友的代购任务，马桶盖成了购物清单里的热门商品。旅行期间，在导游的带领下，王先生来到大阪的一家电器商城购物。商城内挤满了中国游客，随处可见拎着电饭煲、马桶盖的中国人。据王先生介绍，日本电压是110伏，中国的是220伏，这些电器商场里专门提供符合中国国内使用的电器规格，商场里买电器的中国人特别多。电饭煲、马桶盖、电动牙刷都是抢购的热销商品。

打算入手几个马桶盖的王先生在商场里进行挑选，一款松下的马桶盖立刻引起了王先生的注意，"当时就看到包装的纸箱上印着很多中文，还有生产地竟然是杭州下沙。"王先生发现的松下温水冲洗便座在外包装上印着"浙江省杭州市杭州经济技术开发区松乔街2号"的中文字样，以及"Made in China"的英文标注。这让王先生很费解，"兜了一大圈，买到的居然还是自家门前生产的东西，那不是等于当了回人肉搬运工。"

王先生的疑问，也成了很多大老远赶到日本抢购马桶盖游客的疑问。根据王先生提供的地址，钱报记者找到了下沙松乔街2号，这里就是"松下电化住宅设备机器（杭州）有限公司"，公司厂长李建宏一眼就认出了照片中的马桶盖，因为它就是杭州生产的。

"这是我们松下在日本销售的，专供中国游客的，机型叫DL-EE31JP，采用的是220V的电压。而其他出口日本的智能马桶盖电压都是110V的。"李建宏还补充道，"一些在日本售卖的热销智能马桶盖，都是在中国制造并出口的。不仅销往日本，销往新加坡、中国香港等全球所有的松下品牌的智能马桶盖，现在都是从杭州下沙制造并发出的。"

■ 案例解析

本案例中的马桶盖是由日本公司进行设计，中国公司进行制造，再由日本企业进行销售，符合"一种产品，多国生产"的特点。而在这个全球价值链当中，相关国家各自根据自己的比较优势，承担了效率最高的生产和价值链一节。日本的比较优势体现在设计、品牌和销售，而中国的比较优势在于制造。各个国家分别承担着自己具备比较优势的生产环节。由于中国和日本相比，其比较优势在于制造环节，而不是在销售环节，所以中国只承担了制造环节，日本却承担了销售环节。这种优势如此明显，贸易成本又如此之低，以至于中国的消费者可以到日本去将中国制造的产品再买回来。虽然在中国本地生产，但是先出口到日本再买回到中国，其间必定经过了一个"质检"阶段，也使得产品适用的标准有所不同。这种现象体现了日本产品标准的比较优势，于是它取代了中国的产品标准，被中国消费者所认可。

■ 案例启示

根据比较优势理论，比较优势的基础是机会成本的高低，日本在制造产品方面的机会成本高于中国的机会成本，不具有比较优势，所以本案例中的马桶盖在中国制造。

第四节　李嘉图模型中的成本不变与生产可能性曲线

■ **知识点串讲**

（一）定义

生产可能性曲线（生产可能性边界）：表示在一国生产要素充分就业的状态下，能够产出的两种商品的最大可能数量。或者为经济社会在既定的资源和技术条件下，所能生产的各种商品最大数量的组合，如图2-1所示。

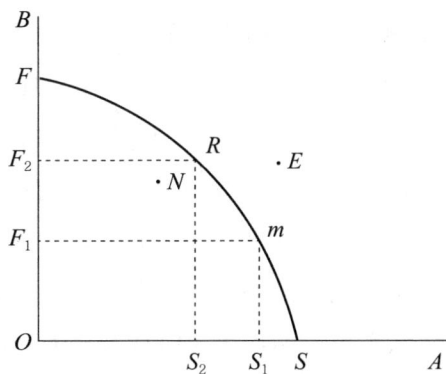

图 2-1　生产可能性曲线

图2-1中，FS曲线为生产可能性曲线，横轴A表示用一定投入可以生产商品A的数量，纵轴B表示用一定投入可以生产商品B的数量。如果把全部投入都用来生产商品A，则产量为OS；如果把全部投入都用来生产商品B，则产量为OF。如果同时生产两种商品，则可以选择多种组合方式，每一种组合方式都表示用既定数量的投入可以得到的产出。例如，R点表示一种生产可能性，生产OS_2数量的商品A和OF_2数量的商品B；m点表示另一种生产可能性，生产OS_1数量的商品A和OF_1数量的商品B。

此外，生产可能性曲线还可说明资源使用存在潜力或过度问题。如果选择曲线以内的任何一点（如N点）来进行生产，则说明现有资源未得到充分利用，还有潜力可挖；如果选择曲线以外的任何一点（如E点）来进行生产，则现有资源和技术力所不及。因此，只有选择曲线上的任何一点来进行生产，才是既充分利用了生产资源又是生产资源所许可的。以上是一般情况下的生产可能性曲线，如果产品不能够无限细分，那么生产可能性曲线将不再是连续的平滑曲线而是折线。此外，生产可能性曲线也不是一成不变的，如果资源增加或技术进步，则生产可能性曲线向右上方移动，表明生产可能达到的更高产量。

（二）用生产可能性曲线解释比较优势理论原理

李嘉图模型成功地证明了比较优势原理。我们也可以用一种体现整个国家的生产与消费状况的图形来说明李嘉图的比较优势原理。

如图2-2从整个国家的水平上描绘了比较优势。由于受到劳动力数量和劳动生产率水平的限制，每个国家都只能具有一定的生产能力。要表明一个国家能够生产什么，需要的不仅仅是单个的数据，它需要一条完整的曲线。比如，考虑俄罗斯的情况，它在本年共拥有1 000万小时的劳动量，劳动生产率水平正如李嘉图的模型所示（生产1吨小麦需要40小时劳动，生产1吨玉米需要20小时劳动），那么，如果俄罗斯只生产小麦的话，它一年可以生产出小麦25万吨；如果只生产玉米的话，一年可以生产出50万吨玉米。俄罗斯也可以同时生产小麦与玉米，比如，生产25万吨玉米和15万吨小麦。这条曲线表明了：如果俄罗斯使其所有资源都发挥最大效用的话，它所能够生产的所有产品的组合。这条曲线在经济学中经常用到——生产可能性曲线，表示一个经济体以最高的生产率充分利用其全部资源时，它所能够生产的不同产品产量的所有组合。

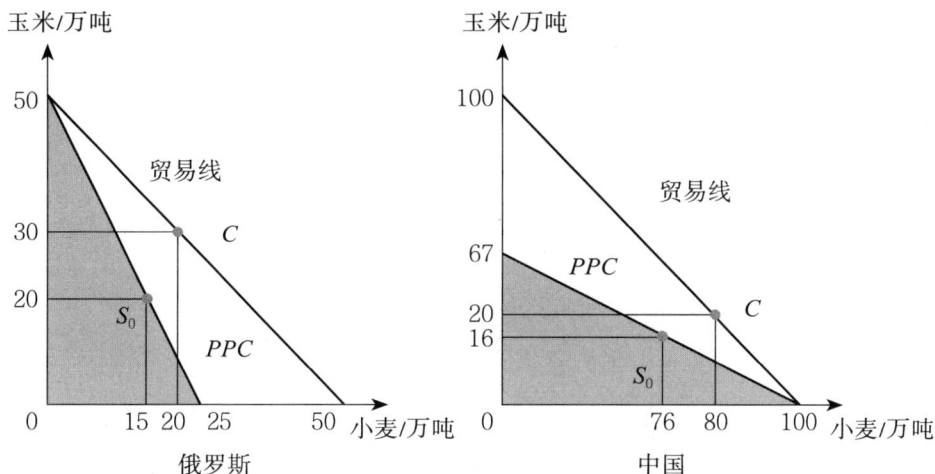

图 2-2　俄罗斯与中国的生产可能性曲线

　　图2-2中的粗线是俄罗斯和中国的生产可能性曲线（假定中国每年也拥有1 000万小时的劳动）。同时注意每条线都是直线，即斜率不变。斜率代表了两种商品的比价，是横轴所代表的产品的机会成本或相对价格，其规范的名称叫"边际转换率"。在这个例子中，俄罗斯的小麦的成本是50/25=2吨，这与李嘉图模型中小麦的边际成本相同，即俄罗斯为多生产1吨小麦要放弃的生产2吨玉米。在无贸易以及竞争性市场的情况下，这一成本也就是俄罗斯的小麦的相对价格。对中国而言，生产小麦的成本是67/100=2/3吨，这也是在无贸易以及竞争性市场条件下中国的小麦的相对价格。图2-2的生产可能性曲线被画成直线是用来表示：李嘉图认为每个国家的各种产品的边际成本或者说机会成本是不变的。

为了便于对贸易基础进行更为现代化的描述，让我们用图2-2重新分析贸易收益与专业化生产。如果没有任何国家进行贸易，每个国家只能消费和享受位于生产可能性曲线上（或在其之下）的小麦和玉米的组合，正如图2-2中S_0点所代表的产品组。开放贸易以后，每个国家都可以在2/3吨和2吨小麦的价格水平之间进行贸易。同样，让我们假设需求条件使得自由贸易价格等于1吨小麦，这样，每个国家都只专业化地生产具有比较优势的产品，生产点在S_0点。为了表明各国在这一价格水平下是如何从贸易中获益的，我们需要考虑如何在图形中画出这一贸易情况。当一个国家为了进口而出口某种产品时，它最终消费的产品组合将与原来不同。在如图2-2所示的图形中，连接一国的生产点与消费点的线，就是一条依据世界价格比率——1吨玉米换1吨小麦的贸易线，在图2-2中有两条这样的贸易（或价格）线。

如果俄罗斯在S_0点专门生产玉米，它就可以沿贸易线以世界价格比率出口玉米，进口小麦。出口玉米和进口小麦意味着沿贸易线向右下方移动，俄罗斯可以在这条线上的任何一点进行消费。显而易见，这是比俄罗斯不进行贸易时更好的一系列消费选择。对每个像S_0这样的点（在该点该国消费自己所生产的产品）来说，都存在诸如C这样的更好的消费点，因为它可以通过专业化生产和贸易使得所有产品的消费数量增加。由此可以看出，俄罗斯从贸易中获益。同样显而易见的是，中国也可以专业化于生产小麦（在S点），并且将部分小麦出口以换取玉米，沿着自己的贸易线向左上方移动到C点，并在该点进行消费，从而也在贸易中获得收益。因此，在李嘉图所假定的成本不变前提下，图2-2生产可能性曲线提供了另外一种考察比较优势如何发挥作用的方法。

（三）此方法的缺陷

假设边际成本不变的最大缺陷就在于它并不符合国际贸易和生产的实际格局。图2-2中边际成本不变，会使我们得出这样结论：每个国家都会完全专业化地生产自己具有比较优势的产品，以便实现贸易收益的最大化。在现实世界中难以找到完全专业化生产的情况。在今天，完全专业化的生产已不再是一种普遍现象，中国和俄罗斯在进口部分产品的同时，仍然保持着这些产品的国内生产，比如纺织品、汽车以及家具。

（四）古典经济学家的比较优势理论的讨论

古典经济学家认为，参与对外贸易是经济发展的强大推动力。亚当·斯密认为，出口市场的存在可以推动一国充分利用资源，否则资源将会闲置。实现充分就业（即资源充分利用）将提高一国的经济活动水平，获取国外产品的努力将推动本国增加消费或者增加投资，促进经济增长。

李嘉图及后来的古典经济学家认为，贸易利益并非来自利用了闲置资源，而是来自专业化生产具有比较优势的产品，使得国内的资源得到更有效率的利用。除了这种资源再配置所致的静态利益外，约翰·斯图亚特·穆勒等经济学家还指出了贸易的动态效应，这些效应对于一国的经济发展至关重要：包括获取外国资本与技术、贸易和资源的再配置对积累储蓄所产生的影响。此外，不断增强与他国交往和文化交流，有助于突破传统束缚，改善需求，并激励企业家精神的发挥和更多的发明与创新。

当然，由贸易推动的经济增长和发展自然也会产生一些不令人满意的后果。如果专业化生产的产品与经济体的其他方面关联较大，将导致偏向式经济增长，除了出口产业发展之外，并无其他好处，而且经常会抵消对经济增长的动态效应。

第三章

要素禀赋理论

本章学习目标

1. 掌握边际成本递增情况下生产可能性曲线的形状及其原因。

2. 消费者无差异曲线和预算线是什么？我们能够用一系列的无差异曲线来描述一个社会（比如说一个国家）吗？

3. 能够从封闭条件下和自由贸易条件下的供需均衡中分析贸易对生产和消费带来的影响，了解贸易带来的收益。

4. 决定贸易模式的关键因素是什么？能说出赫克歇尔—俄林（H-O）模型的主要观点吗？

■ **知识点串讲**

第一节　成本递增的生产：供给方面

一、边际成本递增

（一）基本假设

李嘉图的比较利益理论虽然证明了比较优势即生产成本的相对差异是互利贸易的基础，但是并没有解释产生这种差异的原因。20世纪20~30年代，瑞典经济学家赫克歇尔和俄林提出了要素禀赋理论。这一理论认为，各国资源禀赋情况不同，即生产要素供给情况的不同，是生产成本的相对差异进而国际贸易产生的基本原因。

经济学家们用一个更为现实的、符合大多数情况的关于边际成本的假设取代了李嘉图模型中关于成本不变的假设，进而使其更符合现实情况。他们假设边际成本递增，也就是说，当某个行业以其他行业为代价而进行扩张时，扩张产业为了多生产每一单位的产品所需要放弃的其他产品的数量就会越来越多。

（二）生产可能性曲线与供给曲线

在上一章中，我们了解到生产可能性曲线（生产可能性边界）的概念。而在边际成本递增的假设下，随着一种产品产量的扩大，其机会成本也在提高，此时生产可能性曲线是凹向原点的。我们将通过图3-1的例子说明这一点。

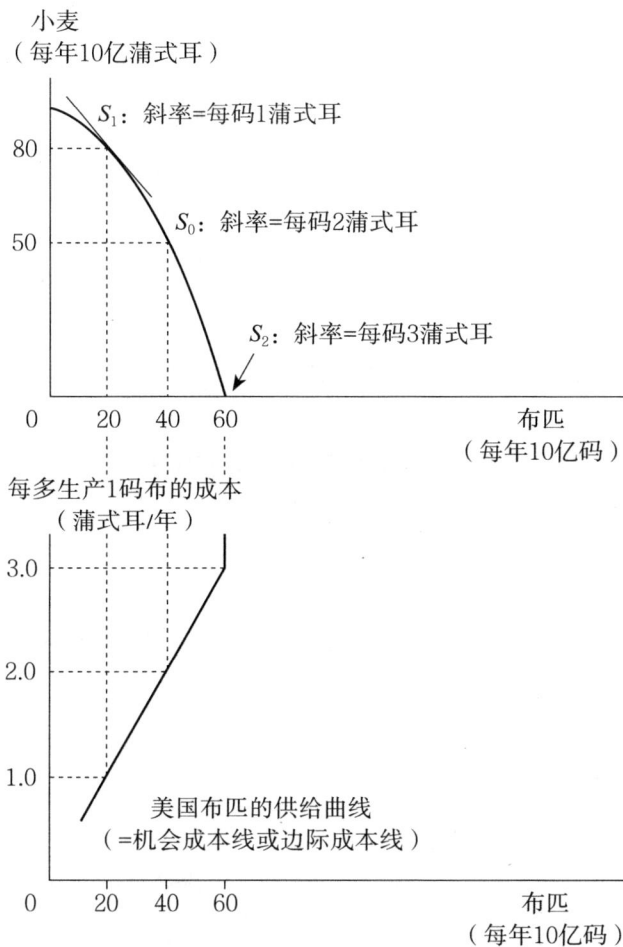

图 3-1　成本递增条件下的生产可能性曲线

从图3-1中我们可以看到，当美国将越来越多的资源从小麦的生产转移到布匹的生产中时，额外生产1单位布匹的边际成本会如何变化。当美国只生产200亿单位布匹时，生产可能性曲线上 S_1 点的斜率告诉我们：如果每年放弃1单位小麦的生产，就可以多生产1单位布匹。当每年生产400亿单位布匹时，如S_0点所表示，要获得多生产1单位布匹所需的资源，就必须放弃2单位的小麦生产。要使每年布匹的生产量达到600亿单位，每多生产1单位布匹所需放弃的小麦数量就上升到了3单位。这种生产额外布匹的边际成本的递增，也可以解释为生产额外小麦的边际成本的递增：当某个国家起始于在S_1点完全专业化地只生产布匹，并且逐渐向小麦生产转移时，多生产1单位小麦的边际成本也会上升（从S_2点的1/3单位到S_0点的1/2单位，再到S_1点的1单位，如此变化下去）。

在图3-1的下图中，纵坐标轴表示布匹生产的边际成本，它等于上图中曲线的斜率。下图的曲线是布匹的供给曲线，布匹生产的边际成本等于美国许多竞争供应商在出售布匹时所能接受的市场价格。

二、生产可能性曲线凹向原点的原因

对比第二章中李嘉图假设机会成本不变下的生产可能性曲线，我们发现在图3-2成本递增的情况下，生产可能性曲线不再是直线而是凹向原点。那么为什么成本递增的曲线会是向外凸出的形状？为什么它比机会成本不变更符合现实呢？

小麦W（10亿单位/年）

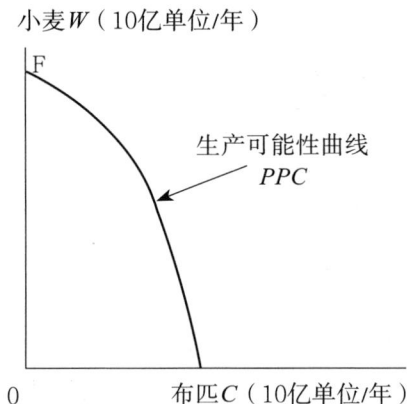

图 3-2　小麦和布匹的生产可能性曲线

首先要素投入存在边际收益递减规律，也就是在其他条件不变时，连续地把某一生产要素的投入量增加到一定数量之后，所得到的产量的增量是递减的。

然后不同产品使用生产要素的比例是存在差异的。这里我们仍然引用小麦与布匹的例子。与布匹生产相比，小麦生产需要更多的土地和更少的劳动，即使每个行业的规模收益保持不变，这种投入比例上的基本差异仍旧会导致成本递增的（向外凸出的）生产可能性曲线。当资源从布匹生产中释放出来并转入小麦生产时，所释放的要素比例并不等于最初的小麦生产所需要的要素比例。相对于小麦生产所需的劳动力与土地而言。布匹产业会释放出大量的劳动力和不多的土地。为了利用这些要素，小麦生产行业不得不进行调整，以采用需要更多使用劳动力的技术。这一效应与收益递减的规律（严格地说，是指其他要素数量不变，只增加某一种要素时的情况）比较接近：随着越来越多的资源（主要是劳动力）从布匹生产行业中释放出来，对数量变化缓慢的土地增加大量的劳动力，进而使小麦生产的边际收益逐渐下降。因而，放弃1单位布匹的生产所增产的小麦的数量会越来越小，这样每多产出1单位小麦，所需要放弃的布的数量就在增加，即生产小麦的机会成本在提高。

三、生产均衡点的确定

在生产可能性曲线上的所有可能的生产点中一个国家应该选择哪一个点？这取决于竞争性厂商所面临的市场价格比率。这里我们继续引用小麦与布匹的例子来解释说明，假设布匹与小麦的价格比率为1:2，如果你是竞争性市场的一家厂商，那么在任何一个生产点上，你都将会面临以下三种情况中的某一种，如图3-3所示。

小麦（10亿单位/年）

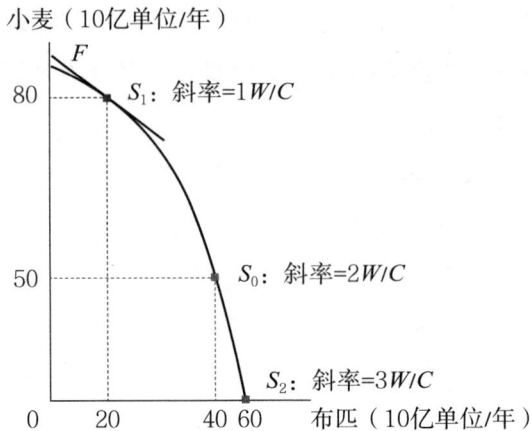

图 3-3　成本递增下生产可能性曲线的斜率

第一种情况下，市场中布匹与小麦的价格比率为1：2，然而在S_1点上，对于厂商的生产成本而言，1单位布匹等于1单位小麦，生产可能性曲线的斜率也更平坦。如果继续生产1单位布匹的机会成本要小于出售它所能得到的2单位小麦，你就会生产更多的布匹（并且将资源从小麦生产中撤走）。因此厂商会增加布匹的生产，S_1会向S_0方向移动。

第二种情况下，市场中布匹与小麦的价格比率为1：2，然而在S_2点上，厂商的生产成本方面，1单位布匹等于3单位小麦，生产可能性曲线的斜率也更加陡峭。如果继续生产1单位布匹的机会成本多于卖掉它所能获得的2单位小麦，你就会减少布匹的生产（并且将资源转向投资于种植小麦上）。因此厂商会减少布匹的生产，S_2会向S_0的方向移动。

第三种情况下，市场中布匹与小麦的价格比率为1：2，在S_0点上，对于厂商的生产成本而言，1单位布匹等于2单位小麦。如果继续生产1单位布匹的机会成本与出售它所能得到的2单位小麦的机会成本相等，厂商就会将生产恰好保持在这个数量上，因为没有理由对布匹和小麦的生产比例进行任何调整，也就是说，S_0处的产量是均衡的。

通过选择在布匹与小麦的价格比率为1：2的S_0点进行生产（400亿

单位布匹和500亿单位小麦），厂商们完成了全国性生产的价值最大化过程。价格由一条其斜率为1：2的价格线表示，这条价格线在S_0点与生产可能性曲线相切。在切点上，厂商无法通过转移到生产可能性曲线上的任何其他一点来增加全国生产的价值量。

如果小麦和布匹的相对价格下降到每单位布匹等于1单位小麦，又会发生什么情况呢？由于布匹的价格降低了，我们可以预计到布匹的生产会减少。从布匹生产减少中释放出来的资源会被转移到小麦的生产中去，进而使小麦产量增加。在一段时间的调整后（在此期间资源将从布匹产业转移到小麦产业），该国所选择的生产点将移到S_1点，S_1点的切线斜率为1，它代表一条新的价格线。此时被选择的产品组合中，布匹减少到200亿单位，而小麦增加到800亿单位。

第二节　社会无差异曲线：需求方面

一、无差异曲线、预算线与消费者均衡

（一）无差异曲线

在了解社会无差异曲线之前，我们先用一个可乐（Y）和披萨（X）的例子对效用、无差异曲线以及边际替代率递减规律进行简单的解释说明。

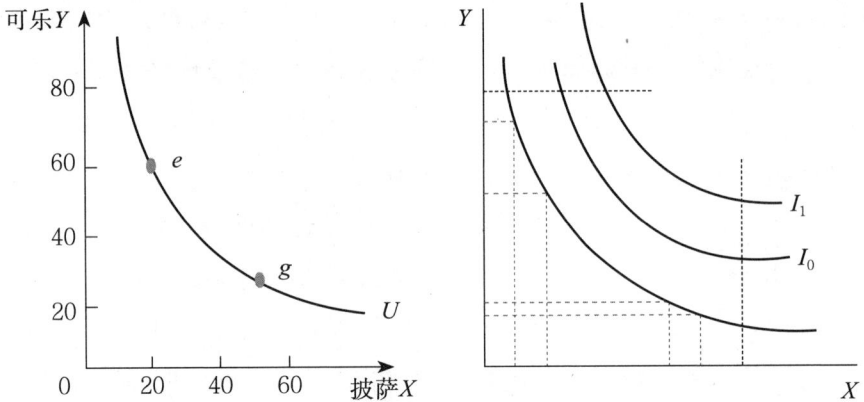

图 3-4　无差异曲线

1.效用

效用（Utility）是指商品满足人的欲望的能力评价，或者说，效用是指消费者在消费商品时所感受到的满足程度。满足程度高，效用大；满足程度低，效用小。边际效用递减规律表示的是在一定时间内，在其他商品的消费数量保持不变的条件下，随着消费者对某种商品消费量的增加，消费者从该商品连续增加的每一消费单位中所得到的效用增量即边际效用是递减的。

西方经济学理论体系中有两种效用理论，基数效用论和序数效用论。序数效用理论认为，效用只能根据偏好程度排列出顺序，而不能具体量化，即消费者能对可能消费的商品的效用进行先后排列。例如某个消费者认为消费一杯可乐的效用大于消费一片披萨的效用，而消费一杯可乐的效用与消费两片披萨带来的效用相等。

2.无差异曲线

无差异曲线（Indifference Curve）表示的是，在假定只有两种商品的经济中，能给消费者带来相同效用水平的两种商品的各种消费组合。同一条无差异曲线上的点代表同等的消费者效用水平，例如在图3-4的左图中，我们发现这个消费者认为60单位可乐和20单位披萨（e点）所带来的效用与30单位可乐加上50单位披萨（g点）带来的效用相等；而越远离原点的无差异曲线，代表的效用水平越高，如在图3-4的右图中，无差异曲线I_1上的商品组合的效用大于无差异曲线I_0上的商品组合；无差异曲线的形状是凸向原点的：代表边际替代率递减，也反映了边际效用递减规律。

3. 边际替代率递减规律

边际替代率（Marginal Rates of Substitution, MRS）：是消费者在保持相同的效用时，减少的一种商品的消费量与增加的另一种商品的消费量之比。计算公式是：

$$MRS_{XY} = \frac{\Delta Q_Y}{\Delta Q_X} \quad MRS_{XY} = -\lim_{\Delta Q_X \to 0} \frac{\Delta Q_Y}{\Delta Q_X} = -\frac{dQ_Y}{dQ_X}$$

从计算公式中不难发现边际替代率的大小等于无差异曲线的斜率的数值。

边际替代率递减规律是在任何两种商品的替代中，在保持效用总和相同时，随着一种商品数量的增加，要减少另一种商品的数量是递减的。这种现象的原因是：边际替代率递减是边际效用递减在无差异分析中的具体表现。在图3-5中随着披萨（X）的增加，它的边际效用在递减；随着可乐（Y）的减少，它的边际效用在递增。这样，每增加一定数量的披萨（X）所能代替的可乐（Y）的数量就越来越少。在图中显示为从A、B点到C、D点边际替代率从6降到2，无差异曲线的斜率也不断减小，边际替代率递减。

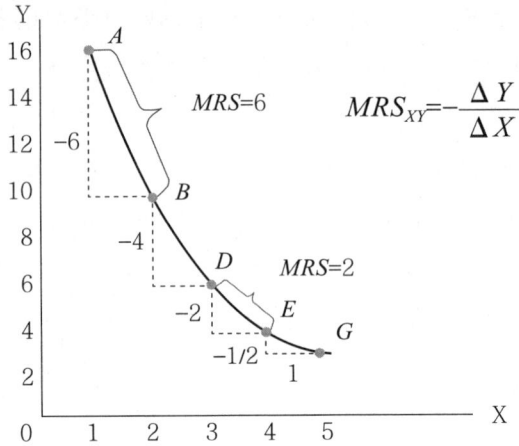

图 3-5　无差异曲线和边际替代率

（二）预算线：消费者的预算约束

预算线（Budget Line）是指在消费者收入和商品价格既定的条件下，消费者的全部收入所能够买到的两种商品的所有可能的最大数量组合点的轨迹。预算线代表了消费者所拥有的收入水平。以I表示消费者的既定收入，两种商品分别为X_1和X_2，商品价格分别为P_1和P_2，其方程是：

$$I=P_1X_1+P_2X_2$$

当收入水平与价格给定时，这一方程就成为一条直线，代表消费者可以购买的两种商品的最大量的组合。

在图3-6中，预算线可看作消费的可能性边界，预算线上的点C表示消费者可以用所有收入购买50单位披萨和250单位可乐。预算线左下方的点A表示此时消费者能够负担但是收入有剩余。而预算线右上方的点B超过了预算线，此时消费者的收入不够用，因此是达不到的。

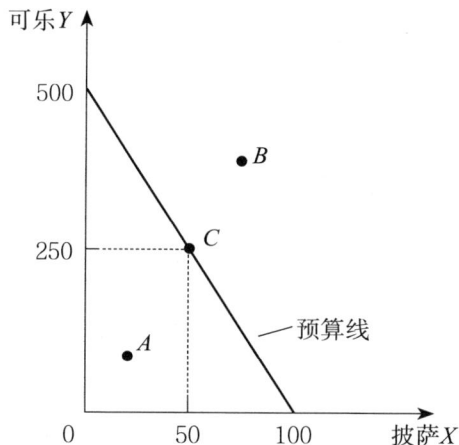

图 3-6　消费者预算线

（三）消费者均衡：无差异曲线与预算线的切点

当消费者的预算水平以及两种商品的价格水平给定时，预算线就给定了。在给定的预算线水平上，消费者尽量追求最大的效用水平，这个效用水平就是与预算线相切的一条无差异曲线所确定的。因此消费的均衡点就是预算线与无差异曲线的切点。如图3-7中的点 E，在 E 点处，无差异曲线的斜率与预算线的斜率相等，也就意味着消费者心目中对产品效用的评价与市场上的产品相对价格相等，此时消费者效用最大化，其他点都无法满足这一条件，例如 A 点虽然在预算线上，但是 U_2 无差异曲线的效用低于点所在的 U_0，又如点 B，虽然达到了更大的效用，但此时超过了预算线，是不可能达到的。

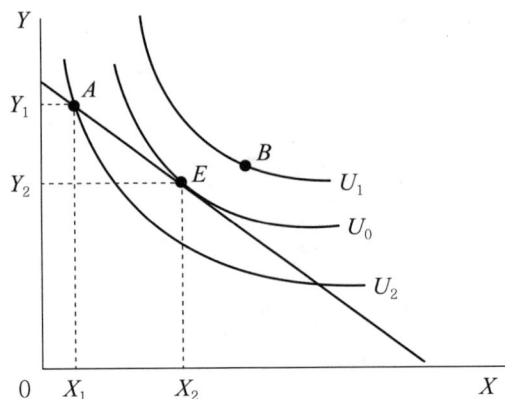

图 3-7　消费者均衡的确定

二、社会无差异曲线与国家预算约束

当研究贸易问题时，我们希望能描绘出整个国家（而不仅仅是某个消费者）是如何决定它的消费数量的，以及这一决定对整个国家的经济收益来说又意味着什么。

我们采用社会无差异曲线（Community Indifference Curve），表示整个社会群体消费两种商品能获得相同效用或福利水平的各种数量组合，用来衡量社会的经济福利状况。在下面的分析中，我们沿用之前的例子，用社会无差异曲线表示某个社会的整体经济福利是如何取决于该社会对小麦和布匹的整体消费的。我们将把与图3-8中无差异曲线系列视为代表着成千上万的人的社会无差异曲线。将社会无差异曲线，以及代表着整个国家预算约束的价格线，作为分析国家对两种产品需求与消费数量进行选择的基础。

第三章

55

要素禀赋理论

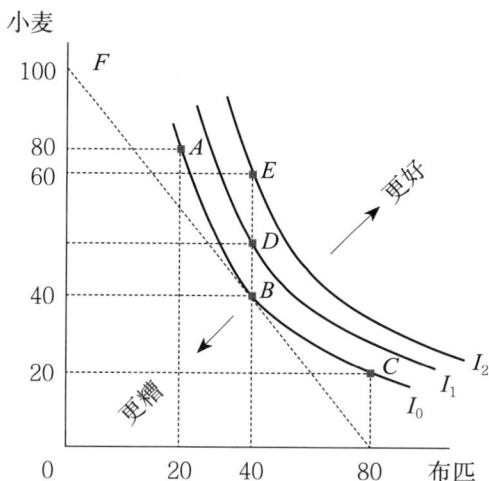

图 3-8　社会无差异曲线和国家预算约束

　　虽然在一定的假设前提下，社会无差异曲线提供了关于国家利益或福利的信息，但是在使用它时，应该对一些问题加以注意：首先，个人无差异曲线的形状各不相同，因此不存在一种完全明确无误地"加总"个人无差异曲线，以获得社会无差异曲线的方法。另外，全国效用或福利的概念的定义并不十分恰当。我们无法判断当人均减少40单位小麦、同时增加40单位布匹时，整个社会是否会变得更好。社会中某些人会因此而受损，而其他一些人则会获益。而我们难以判断某个人的满足程度的增加比另一个人满足程度的减少要更多一些，因为满足程度或者福利水平无法在不同的人之间相互比较。正因如此，虽然更高的国家福利用更高的社会无差异曲线表示，即当社会无差异曲线显示出较高的国家福利水平时，并不意味着每个人的状况都确实得到了改善。

第三节 生产均衡与消费均衡：供需结合

一、封闭条件下的均衡（无贸易）

通过前面的内容了解到生产可能性曲线和社会无差异曲线后，在此部分我们将从无贸易和自由贸易两种情况来讨论一国生产均衡与消费均衡的结合，一个国内产品市场均衡可由图3-9来表示，供给方生产能力由一条向外凸出（成本递增）的生产可能性曲线表示，而需求方的消费偏好由一系列社会无差异曲线表示，我们画出了其中的三条曲线。

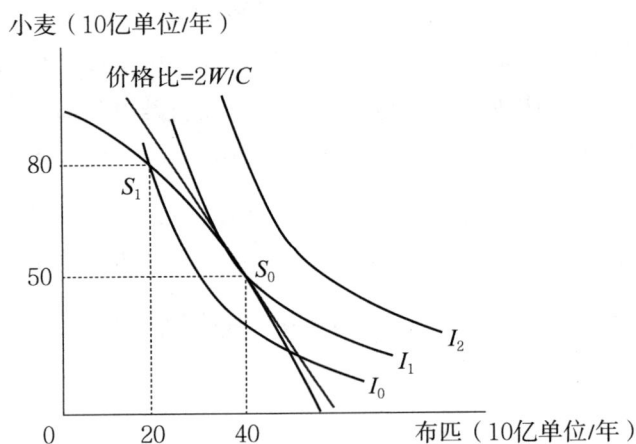

小麦（10亿单位/年）

价格比=2W/C

80

S_1

50

S_0

I_2

I_1

I_0

0   20   40   布匹（10亿单位/年）

图 3-9　无贸易条件下的无差异曲线和生产可能性曲线

在无贸易情况下，国内必须自给自足，并且必须找出国内生产小麦与布匹的最佳组合以便实现社会利益的最大化。在国内能够进行生产的所有点中，S_0点就是国内市场均衡点，在这一点上，生产可能性曲线、社会无差异曲线、市场价格线三条线相切，只有S_0点能够达到无差异曲线I_1的福利水平。而像S_1那样的点只能达到较低的无差异曲线（如曲线I_0）的水平。在S_1点，消费者或者生产者（或者他们两者都）会发现，如果移向S_0点，在现有的价格比率条件下，自己的状况可以得到改善。如果价格比率线在S_1点暂时与生产无差异曲线相切的话，消费者就会发现布匹是如此便宜，以至于他们宁愿购买多于200亿单位的布匹和少于800亿单位的小麦。他们在需求上的变化会使得生产者为适应这一情况而将更多资源从小麦的生产转移到布匹的生产中来，这种生产调整的趋势会一直持续到经济中的生产与消费都到达S_0点，即400亿单位布匹和500亿单位小麦。

二、自由贸易条件下的均衡

为了显示开展贸易所带来的影响，我们考察两个国家的经济，图3-10中的左上图表明了美国经济的情况（与图3-9相同），右上图表明了世界其他国家的经济状况。每个国家的无贸易均衡都在S_0点。在无贸易情况下，美国布匹的相对价格为$1C=2W$（为表述方便$1C$代表1单位布匹，$2W$代表2单位小麦，下同），而世界其他国家的相对价格为$1C=0.67W$。

I．用无差异曲线和生产可能性曲线进行分析

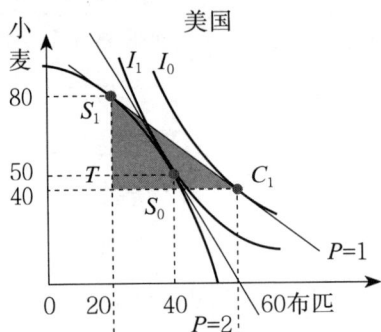

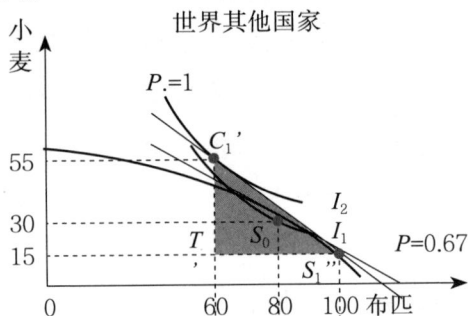

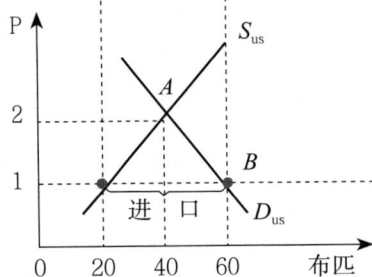

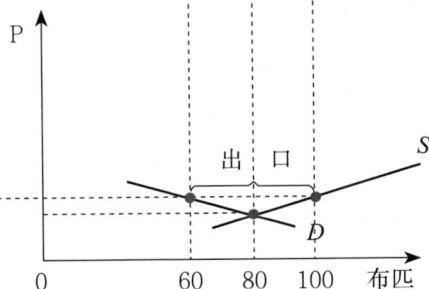

图 3-10　自由贸易及其影响的两种图示

与前面提到的例子一样，无贸易情况下的价格比率差异构成了贸易的直接基础。在自由贸易条件下，美国从世界其他国家进口布匹，同时向世界其他国家出口小麦。这种贸易使得美国布匹的相对价格趋于下降，而世界其他国家布匹的相对价格上升。在自由贸易条件下（假设不存在运输成本），贸易的结果使得国际价格比率在 $1C=0.67 \sim 2W$ 的范围内的某一水平达到均衡，最终形成的自由贸易均衡价格是使美国的小麦出口数量与世界其他国家的小麦进口数量相等，世界其他国家的布匹出口数量与美国的布匹进口数量相等的价格。

在这个例子中，根据每个国家的由其生产可能性曲线与社会无差异曲线所体现的条件，自由贸易均衡在价格比率为 $1C=1W$ 的时候得以实现。在由无贸易向自由贸易转变的过程中，美国的生产者通过减少布

匹生产，增加小麦生产，对较低的布匹相对价格（即较高的小麦相对价格）做出了反应，从而使生产点从 S_0 点移到 S_1 点。在 S_1 点生产时，美国可以同世界其他国家以 $1C=1W$ 的价格用小麦交换布匹，因此消费也可以经过 S_1 点且价格比率为 $1C=1W$（其斜率为1）的价格线上的任意一点处进行。在这一价格线上。美国可以在 C_1 点进行消费，该点为价格线与可能达到的最高福利水平的社会无差异曲线 I_2 的切点。

在世界其他国家，从无贸易向自由贸易的转变使得布匹的相对价格上升，因此生产者们做出反应，增加了布匹的生产，减少了小麦的生产，从而使生产点从 S_0 点移到 S_1 点。世界其他国家可以在国际均衡价格水平下进行贸易，从而使消费可以离开生产点在经过 S_1 点并代表这一价格比率（斜率为1）的价格线上的任意一点处进行。在这一价格线上，世界其他国家将会在 C_1 点处进行消费。

由此，两种产品的国际贸易市场都达到了均衡。每个国家的进出口数量可以用代表这一数量的"贸易三角形"来表示。美国的贸易三角形由直角三角形 S_1TC_1 来表示，而世界其他国家的贸易三角形则由 C_1TS_1 来表示。当两个贸易三角形全等，从而双方在贸易数量上达成一致时，国际均衡就得以实现。

世界市场均衡点只有一个，即 $1C=1W$。因为除此之外，两个国家的贸易三角形不会相同。比如如果 $1C<1W$，即世界价格线更平缓一些，那美国的贸易三角形就会变大，而外国的贸易三角形就会变小，即美国的进出口量大于外国的出口和进口量，无法均衡，此时世界价格就会发生变化。由于美国对布匹的进口需求量大于外国对布匹的出口供给量，布匹价格会上涨，向 $1C=1W$ 靠近。

三、贸易的收益

利用图3-10左上图和右上图，可以从两个角度说明每个国家都可以从国际贸易中获得收益。第一，贸易使得每个国家都可以在超出了其生产能力的点（C_1点）进行消费，可以被看作是贸易收益。第二，贸易使得各个国家能够达到一条更高水平的社会无差异曲线（比无贸易情况下的曲线I_1更高的曲线I_2）。但或许会掩盖这样一个事实：贸易的开放使得一些集团从中获益，而使另外一些集团受到了损失。

各个国家能够从贸易中得到多少收益，取决于持续的国际贸易均衡时的国际价格比率。如果一个国家的出口产品价格（相对价格）相对于其进口产品价格（相对价格）更高的话，就会得到更多的贸易收益。因此，各国受益的情况取决于国际"贸易条件"（Terms of Trade，TOT），即出口产品价格和进口产品价格的比率。对于美国，贸易条件意味着小麦的相对价格；对于外国，贸易条件是布匹的相对价格。因此，美国希望世界价格线更平缓，而外国希望世界价格线能够更陡一些。此时，两国分别能够达到更高的无差异曲线水平。

四、贸易对生产和消费的影响

图3-10说明，开放贸易可以对生产的数量产生很大的影响。开放贸易对生产具有两方面的含义：

第一，在每一个国家内，具有比较优势的产品的产出会提高：美国会生产更多的小麦，而世界其他国家会生产更多的布匹。在每一个贸易国家，拥有比较优势的产业通过从其他产业获得要素资源而得以增长。而与进口产品竞争的产业（也就是美国的布匹产业和世界其他国家的小麦产业）其国内生产则会下降。尽管每一个国家的产量都发生了变化，如果生产可能性曲线由于成本递增而呈向外凸出形，那么各国便不一定会完全专业化于其出口商品的生产。

第二，从无贸易到自由贸易的转变所带来的另一个结果是整个世界的生产变得更有效率，因为每个国家都更多地生产了自己可以以较低成本生产的产品。在如图3-10所示的这一特定的案例中，在世界布匹生产产量（120）不变的情况下，由于效率的提高而引起了世界小麦产量的增加（从无贸易条件下的50+30=80，变为自由贸易条件下的80+15=95）。

第三，在每个国家中，贸易开放也改变了每一种商品的消费量，消费点从无贸易条件下的S_1转变为自由贸易条件下的C_1。消费者理论指出每个国家对进口商品的消费量会增加，即每个国家进口商品相对价格的下降，会使得消费者购买更多的进口商品（正的替代效应）。同时，各国的实际收入会上升（由于贸易收益），进而使消费者购买更多的商品（正的收入效应）。由于同时存在负的替代效应（由于可出口商品相对价格更高）和正的收入效应（实际收入上升），所以各国可出口商品的消费量可能上升，可能保持不变，也可能下降。在图3-10这一特定案例中，可出口商品的消费量实际上下降了（美国的小麦消费量从50下降为40，世界其他国家的布匹消费量从80下降为60），但在其他情况中，也有可能产生其他的两种结果。

第四节　赫克歇尔—俄林（H-O）模型

一、贸易模式的决定因素

在上一节中，图3-10已经展示了一般的国民经济理论在国际贸易中的应用。我们在这里看到的国际贸易模式的直接基础是在无贸易条件下两国产品相对生产价格的差别。但是为什么在无贸易条件下会有产品相对价格的差别呢？

　　一个原因是生产条件不同，即两国的生产可能性曲线的形状不同（越陡峭，说明横轴所代表的商品的相对成本越高，即该国越不具备生产这一产品的比较优势；越平缓，说明横轴所代表的商品的相对成本越低，即该国越具备生产这一产品的比较优势）。

　　另一个原因是需求条件不同，即社会无差异曲线的形状与位置不同（越陡峭，说明横轴所代表的商品在消费者心目中价值越高，即相对效用越高，需求越大；越平缓，说明横轴代表的商品在消费者心目中价值越低，即相对效用越低，需求越小）。在我们的例子中，美国进口布匹的基础在于美国对布匹有更大的需求量，这或许可以归因于更寒冷的气候或时尚意识。尽管这一解释可以用于少数产品，但大多数的分析都假定各国的需求模式是相似的，而把生产方面的差异作为无贸易条件下价格差别的基础。

　　当国家间生产可能性曲线的相对形状不同时，比如一国的生产可能性曲线向小麦生产一边倾斜，而另一国生产可能性曲线向布匹生产一边倾斜时，生产方面的差异可以成为国际贸易模式的基础。例如，在图3-10中，美国的生产可能性曲线向生产小麦这一边倾斜，而世界其他国家的生产可能性曲线向布匹生产一边倾斜。为什么我们会看到这一生产差异呢？主要有两个原因：

　　一个原因是不同国家的生产技术或要素生产效率不同，导致比较优势不同。例如，美国可能在小麦生产方面具有更先进的技术，而世界其他国家又很难获得这一技术。更先进的技术使得美国小麦生产的要素生产率更高，这促使美国的生产可能性曲线向大量生产小麦这一边倾斜，进而使美国在生产和出口小麦方面具有比较优势。这种比较优势就是李嘉图模型中的贸易基础。尽管这种比较优势来源于生产方面的差别，但在本章以下部分，我们假定并非如此。我们的假定是，贸易双方国家可以得到相同的生产技术，进而可以达到类似的资源生产率水平。

　　国家间生产可能性曲线相对形状可以不同的第二个原因更为复

杂，但它已经成为现代正统比较优势理论的基础，这便是赫克歇尔—俄林（Heckscher-Ohlin）理论，这一理论所基于的是：（1）国家间获得要素资源条件的差别，以及（2）不同产品的生产要素投入方面的差别。

二、赫克歇尔—俄林（H-O）模型：要素比例是关键

（一）产生和发展

有关各国贸易模式决定因素的领先理论产生于瑞典，著名的瑞典经济史学家埃利·赫克歇尔在1919年的一篇短文中提出了这一理论的核心思想。对这一理论的明确而完整的解释是由赫克歇尔的学生俄林在30年代进行并发表的。

（二）主要观点

赫克歇尔—俄林有关贸易模式的理论，用俄林的原话说就是：那些在它们的生产中需要大量丰裕生产要素和少量稀缺要素的商品被出口，以交换那些要素投入比例相反的商品。由此，间接地，供给充足的要素被出口，而供给稀缺的要素被进口。

或者，更为简明扼要的说法是：赫克歇尔—俄林理论认为：一国应该出口那些密集使用其本国丰裕生产要素的产品（并且进口那些密集使用其本国稀缺要素的产品）。

（三）要素丰裕度和要素密集度

为了更好地理解这一结论，我们需要对要素的丰裕性和要素使用密集度加以定义。要素丰裕度和要素密集度都是相对的概念，前者是描述一个国家的，后者是描述一种产品生产的。

如果一个国家的劳动力相对于其他要素的比例比世界其他国家更高，我们就称这个国家为劳动力丰裕型的。一个小国的资本绝对数量小于大国，但也可以是资本丰裕国，如果它的资本相对于劳动的比率高于

大国的同种比率，它仍可以是一个资本丰裕的国家。在两个国家，两种要素模型中，如果一个国家是资本丰裕国，另一个国家就必然是劳动丰裕国。比如：劳动丰裕型国家是指该国的劳动力禀赋与其他生产要素禀赋之比大于其他国家。

如果一种产品的人工成本在其总成本中所占的比率要高于其他产品，我们就称这种产品为劳动密集型的。

（四）要素比例

赫克歇尔—俄林理论对贸易模式的解释起源于他们对为什么各国在开放贸易之前会存在产品价格差异这一问题的特殊的研究兴趣。赫克歇尔和俄林认为，相对成本差异的关键在于要素比例。

如果每单位布匹在美国值2单位小麦，而在其他地方还不值1单位小麦。那么，其主要原因肯定在于：与世界其他国家相比，美国拥有更多数量的小麦生产所密集使用的要素，而拥有较少数量的布匹生产所密集使用的要素。假设土地是小麦生产所更为密集使用的要素，劳动是布匹生产所更为密集使用的要素。又假定所有的成本都可以被分解为土地成本和劳动成本（例如：生产种植小麦所用的肥料需要一定数量的土地成本与劳动成本；生产布匹所使用的棉花也需要一定数量的土地与劳动成本），这样，赫克歇尔—俄林理论便认为：美国应该出口小麦，进口布匹，因为小麦是土地密集型的，而布匹是劳动密集型的，并且：

$$\frac{（美国的土地供给）}{（美国的劳动力供给）} > \frac{（世界其他国家的土地供给）}{（世界其他国家的劳动力供给）}$$

在这种没有国际贸易的条件下，美国的地租应该比其他地方更为便宜，而美国劳动力则应该得到比其他地方更高的工资，土地的廉价可以使小麦生产的成本比布匹生产削减得更多，与之相反。美国劳动力的缺乏则会使得布匹相对更贵。根据赫克歇尔—俄林理论，这就是在贸易之前存在产品价格差异的原因。而且，这一理论还认为：正是由于相对要素禀赋的差异和不同产品要素密集度模式的差异，才使得美国在开放贸易时才会出口小麦而不是布匹（也就是进口布匹而不是小麦）。

■ 案例再现

案例1 中国在研发领域获外商直接投资规模超美国

央视网2015年7月31日新闻播报：商务部的最新数据显示，今年上半年，我国实际使用外资金额4 205.2亿元人民币，同比增长8.3%。如今，外商直接投资在研发领域的规模已经超过美国。

目前，海尔与跨国公司研发机构已经形成了八大专利池，每年进入专利池的专利超过600项。像海尔这样正在加大研发支出的中国企业越来越多。数据显示，仅去年中国公司的研发支出增长46%，而北美和欧洲的这个增速仅为个位数。而中国企业颠覆性的创新形势，也吸引着越来越多跨国企业来中国落户研发中心，与中国企业深度合作。

也正因如此，在吸引外国研发投资方面，中国已赶上美国的脚步。有数据显示，中国自2010年以来在研发领域吸引的外国投资规模位居全球之首，项目数量位居全球第二。越来越多数据和实践表明，中国目前正成为一个世界研发中心。

另外，经济学家和有关机构预测2020年中国愿意买高质量产品的消费者要增加3亿人到4亿人，总数将达到6亿人到7亿人，市场消费的这种转型升级，也吸引着跨国企业来中国加大研发、设计、创新、创意、创业的投资。

资料来源（含视频）：http://m.news.cntv.cn/2015/07/31/ARTI1438275486210516.shtml 央视网。

案例2　全球研发中心东移的"中国机遇"

近期引起热议的摩托罗拉移动技术公司中国裁员事件中，有一个被外界忽视的细节，那就是摩托罗拉在全球仅保留3个研发中心，两个位于美国，一个仍在北京。业内人士认为，这表明尽管遭遇跨国企业裁员风浪，中国仍在成长为全球重要的研发基地。

科技部中国科学技术发展战略研究院日前发布的报告显示，2009年到2011年，亚洲研发支出占全球比重从33.6%上升到35.5%，预计今年将达36.7%，超过北美洲成为全球第一；2000年到2005年，跨国公司在中国和印度的研发投资增长了17%，在欧洲的增幅则为5.2%；2010年，跨国公司在亚洲的研发投入比2009年增加了38.45%……在日趋明显的全球研发中心东移趋势中，中国成为重要推动力量。

跨国公司更加青睐中国

越来越多的跨国公司将在中国的研发中心作为其亚太研发总部，有些甚至升级为全球技术研发中心。

作为研发全球化的主导力量，跨国公司正强力推动全球研发中心的形成和转移。Booz咨询公司发布的研究报告显示，2001—2010年，全球1 000强跨国公司研发投入从3 530亿美元增长到5 500亿美元，年均增长率超过5%。其中，2010年同比增长9.3%，占全球研发比重为47.8%。

在亚洲，跨国公司日益强化其创新布局，加速全球研发中心东移。科技部中国科学技术发展战略研究院张换兆博士介绍，跨国公司2010年在亚洲的研发投入同比增加38.45%。美国跨国公司在欧洲、加拿大等地区的研发投资从20世纪90年代的90%下降到2006年的80%，目前还在持续下降。而美国跨国公司在除日本外的其他亚洲国家的研发投资，则从1997年的5%上升到2008年的14%。

具有市场、人才、政策等多方面优势的中国则备受跨国公司青睐。

越来越多的跨国公司将在中国的研发中心作为其亚太研发总部，有些甚至升级为全球技术研发中心，如通用电气、埃克森美孚、英特尔等。在研究方向上，则不断加强基础型、创新型本地化研究。据2012年巴特尔研发杂志调查显示，美国企业研发中心在亚洲的数量占其全部数量的31%，其中16%在中国。30%的受调查美国企业计划在中国增加研发投资，高于北美、印度的24%和其他地区的22%。

记者从科技部火炬高技术产业开发中心了解到，根据对国家88家高新区9 223家"三资"企业的最新调查显示，在高新区设立的科技机构数量为2 090家。北京中关村管委会副主任杨建华告诉记者，中关村是跨国企业研发机构最早的聚集区，对于这次全球研发中心向亚太地区转移的判断，一直在密切关注并会进行多维度分析。目前，世界500强企业在中关村设立了近200家分支机构，其中研发机构有近百家。成都高新区科技局局长林涛则介绍，地处西部的成都高新区近年来主动融入全球创新价值链，吸引了包括通用电气、飞利浦等60余家全球知名企业的研发中心。

"我国的人力资源、市场、政策等优势往往被跨国企业看好。比如生物科技领域的研发目前已出现向我国转移的趋势，就是因为我国在临床试验、生物科技人才培养方面的诸多优势。"国家"千人计划"专家、北京科技大学教授张学记说，"但要吸引更多的跨国公司，还需要进一步提升知识产权保护和高端人才培养质量。"

数据显示，2010年，外资企业在我国设立研发机构的数量、研发机构的研发经费内部支出以及研发人员数量，均占我国大中型企业研发机构的近30%。"跨国公司日益成为我国创新体系的一个重要组成部分。"张换兆表示。

全球范围配置创新资源

以企业国际化为重点，大力支持市场的国际开拓、资源的全球配置、研发的国际合作、产业价值链的全球布局。

张换兆认为，从国家层面看，各国已经深刻意识到要应对气候变化、食品安全、疾病及新能源等全球性问题，必须动员全球力量一起攻克；对于企业而言，要想在全球竞争中立足，就必须不断加大研发投资，通过合资企业、合作协议和战略联盟、并购等外向型策略掌握技术垄断权，继而通过在国外开展应用性开发和新产品设计赢得当地市场。

专家认为，全球研发中心发生转移必须具备多方面条件：经济发展重心的转移是深层驱动力；重大科技成就、科学大师及大批科技人才是强大牵引力；创新型思想观念的良好环境是重要保障；不断强化的企业创新主体作用和各国政府的政策布局也是催化剂。而全球研发中心的形成和转移，能够折射出国际经济及政治格局的变化。

多极化是这些新特点与趋势中的核心要素。"亚洲经济目前的多极化格局，从根本上决定了任何一个亚洲国家都难以单独支撑起全球研发中心地位。"张换兆说。

虽然优化的多极结构能够带来多赢结果，但对我国而言，要想成功把握全球研发中心的转移机遇，就必须做好全方位准备。

张换兆建议，一是通过相关合作机制，统筹运用亚洲其他国家的优势创新资源，加强与日本、韩国、印度、东盟10国等国家和地区的合作；二是全面提升科研产出质量，培育一批具有全球影响力的重大科技成果和科技人才，为承担全球研发中心建设重任打好根基；三是尽快确立更加积极主动地引导外资研发机构发展的思路，支持、规范外资在华开展研发活动，营造培育全球研发中心的开放环境；四是根据我国国情重点发展关系我国未来发展的产业，不断培育具有世界规模和影响力的创新型企业，使其成为全球研发中心建设的主力军。

对此，中关村管委会主任郭洪表示，"作为国家自主创新战略高地，中关村将紧紧把握这次转移机遇，坚持在全球范围内配置利用创新资源，实现国际化和本地化协同发展；持续提升国际化发展水平；以企业国际化为重点，大力支持市场的国际开拓、资源的全球配置、研发的国际合作、产业价值链的全球布局。"

案例3 为何苹果在中国建立生产线？
2007年iPhone生产幕后揭秘

纽约时报今天发布了一篇很值得人们思考的评论文章，苹果公司把几乎所有的产品生产线都建立在中国，而且类似苹果这样的美国公司不在少数，中国的劳动力十分廉价，但仅仅是钱的原因么？

其实可以这样说，中国的廉价劳力是一个原因，但是即便别除这个因素，苹果这样的公司也是不可能在美国建立工厂加工产品的，举个简单的例子，按照几年前的政策，我国政府对那些一天可以招募3 000名员工的工厂或者在两周之内招募8 700人的工厂给予十分优惠的政府补贴。

这就意味着，中国的一个工厂在2周之内可以招募8 700人，而在美国完成这个时间要9个月。现在的电子产品零件繁多，但是大部分都集中在几个区域生产，全球的生产线无论如何是不可能搬到美国的，美国承受不起。

下面开始揭秘2007年iPhone生产：

2007年，在第一代iPhone开卖之前的一个多月（这个时候iPhone已经开始量产了），乔布斯把众手下都叫到了办公室。最近几周乔布斯一直亲自使用iPhone原型机，乔布斯一直把这个iPhone原型机放在口袋中。

乔布斯有些愤怒地举起iPhone，并使屏幕倾斜，让大家看到了屏幕上面的许多划痕，然后他又从口袋里掏出了钥匙，说："人们会把手机放在口袋里，人们也会把钥匙放在口袋里。我们的产品是不允许这样轻易被划伤的！"乔布斯说这些话的时候甚至有些激动。对于这个问题，解决办法只有换用防划玻璃，乔布斯说："我要玻璃屏幕，我要在6周之内让它变得完美。"

其中与会的一名苹果高管，开会之后马上预订了一张到我国深圳的机票。他知道，如果要想在6周之内达到完美，除了深圳，他无别处可去。

之后的发生的"中国奇迹"足以让所有外国人目瞪口呆：新的屏幕在午夜就到达了工厂，工厂的领班在夜里的宿舍紧急集合了8 000名工人，每名工人都发了一杯茶和一些点心，之后8 000人在半小时之内全部上岗就位，12小时一轮班开始为iPhone换玻璃屏幕，这项流程一直持续了96个小时，而每24个小时的iPhone产量为10 000台。

其实这两年里，这个工厂一直在负责一个代号为Purple 2的生产任务，为了重新定义电话，出于设计和各种方面的考虑，或者仅仅因为乔布斯的一个念头，工厂就会接到一些"紧急任务"在限定时间内去生产或者加工某一种产品。想要确保这种效率，并且不至于让成本赤字，那么只有中国的工厂能做得到。

Purple 2就是传说中的第一代iPhone代号，虽然苹果从未证实过。

■ **案例解析**

一、研发活动：资本密集型和人力资本密集型

从传统意义上来说，研发活动是一项资本密集型和人力资本密集型活动，案例1中我们可以看到在吸引外国研发投资方面，中国已赶上美国的脚步，自2010年以来中国在研发领域吸引的外国投资规模位居全球之首，项目数量位居全球第二。越来越多的数据和实践表明，中国目前正成为一个世界研发中心。而在案例2中可以看到全球研发中心东移，越来越多的跨国公司将在中国的研发中心作为其亚太研发总部，有些甚至升级为全球技术研发中心。两个案例都说明中国在研发领域的优势正在形成，从供给角度看，这说明中国的生产要素禀赋的结构在发生变化，资本丰裕度和人力资本丰裕度在增强。

二、中国的生产要素禀赋结构

在案例3中，我们了解到苹果公司把几乎所有的产品生产线都建立在中国，而且类似苹果这样的美国公司不在少数。苹果手机的生产线是一项劳动密集型活动，中国的一个工厂在2周之内可以招募8 700人，而在美国完成这个需要9个月的时间。说明中国在该领域具有优势，从供给角度看，这说明中国的生产要素禀赋的结构中，劳动丰裕度较强。

■ 案例启示

上述3个案例很好地诠释了要素禀赋理论的观点，根据要素禀赋理论，一个经济体在某一经济活动方面是否具备比较优势，取决于该经济体的生产要素禀赋结构和该经济活动的要素投入比例。如果一个国家的劳动力相对于其他要素的比例比世界其他国家更高，我们就称这个国家为劳动丰裕型的。如果一种产品的人工成本在其总成本中所占的比率要高于其他产品，我们就称这种产品为劳动密集型的。赫克歇尔—俄林理论认为：一国应该出口那些密集使用其本国丰裕生产要素的产品（并且进口那些密集使用其本国稀缺要素的产品）。苹果公司产品生产线都建立在中国。苹果手机的生产线是一项劳动密集型活动，说明中国的生产要素禀赋的结构中，人力资本丰裕度较强。而研发活动是一项资本密集型和人力资本密集型活动，全球研发中心东移说明中国的生产要素禀赋的结构在发生变化，资本丰裕度和人力资本丰裕度在增强。

第四章

自由贸易的收入分配效应

■ 本章学习目标

1. 自由贸易使一国中哪些人受益，哪些人受损？短期和长期情况有何不同？

2. 赫克歇尔—俄林（H-O）理论的三个推论是什么？

3. 赫克歇尔—俄林（H-O）理论是否能够解释真实的贸易模式？里昂惕夫悖论主要内容是什么，对其有哪些解释？

4. 了解世界主要国家的要素禀赋情况、贸易情况和贸易模式。

■ 知识点串讲

第一节　自由贸易使一国中哪些人受益，
哪些人受损

　　既然开放贸易会使各国受益，自由贸易政策又为什么历来就受到很多人的反对呢？这一问题的答案并不在于公众对贸易效果的无知。而是贸易的确损害各国中一些大集团的利益，许多反对贸易自由化的人可能也正是正确地看到了这一点。为使我们对贸易的分析能有效地指导政策，我们必须弄清是谁在自由贸易中受到了损害。

　　根据赫克歇尔—俄林理论，贸易产生于两种差异性：一是不同国家生产要素禀赋的差异性；二是生产不同产品对要素需求比例的差异性。对外贸易会改变一国的生产结构，出口型产业会扩张，而进口替代型产业则会收缩。这种生产价格改变的短期收入效应与长期收入效应有所不同。在每个国家中，由于相对产品价格的改变会提高一些要素的收入而降低另一些要素的收入，国际贸易几乎毫无例外地会将社会成员划分为贸易的受益者与受害者。

　　本章的主要目的之一在于考察对赫克歇尔—俄林理论的实证检验，包括考察该理论解决如下问题的能力，即解释各国实际的贸易模式，确定具有不同要素禀赋的国家在国际贸易中的得与失。

一、自由贸易的短期收入效应

（一）短期

短期是指生产要素无法实现跨部门转移。此时各种生产要素都被绑定在其当前的产品生产当中。生产要素的供给是固定的，而生产要素的需求是间接需求，取决于市场对其所生产的产品的需求。从短期看，当劳动力、土地和其他投入品仍旧依附于现有产品生产时，对这些要素的需求以及这些要素的收入，均取决于使用这些要素的产业。

（二）开放贸易的短期效应

短期内，生产要素受损还是受益是取决于其所处的部门。一些人将受益于对其提供的要素更大的需求，因为其要素应用于正要扩张的产业。由于对土地需求的增强，美国产麦区土地所有者可以索要更高的地租，美国产麦区的农场工人会得到更高的工资（暂时地），外国纺织工人可得到更高的工资，外国棉、毛及其他制衣用纤维产区的土地所有者也会得到更高的地租。

与此同时，衰退产业所需要素的提供者（美国纺织工人）、美国向纺织业提供原料地区的土地所有者、外国产麦区土地所有者以及农民，这些人将由于需求的减少，进而因其服务价格的下降而遭受收入损失。

在短期内，受益者与受损者以产出品所处的产业而划分：所有与上升产业相联系的集团将有所受益，而所有与下降产业相联系的集团将有所损失。可以预料，下降产业中的雇主地产主和工人会联合起来进行抗议。

二、自由贸易的长期收入效应

（一）长期

长期是指生产要素可以根据报酬的差异而在部门间进行流动。例如在美国，由于短期内小麦部门的劳动力和土地报酬都提高，因此服装部门的劳动力和土地都会向小麦部门转移，从而使小麦部门的劳动力和土地的供给都增加，而服装部门的两种生产要素供给下降，最后使每种生产要素在部门间的报酬趋同。

（二）开放贸易的长期效应

表 4-1　　　　　自由贸易对收入分配的长期影响过程

项目	在美国	在世界其他国家
初始价格	小麦便宜，布匹昂贵	小麦昂贵，布匹便宜
价格对贸易的反应	小麦价格上升，布匹价格下降	小麦价格下降，布匹价格上升
生产对价格反应	生产更多的小麦和更少的布匹	生产更少的小麦和更多的布匹
关键的一步：要素需求发生变化	少生产每码布匹释放了很多工人和不多的土地；多生产小麦需要不多的工人和很多的土地	少生产每蒲式耳小麦释放了很多土地和不多的工人；多生产布匹需要不多的工人和很少的土地
要素价格的反应	工资下降，地租上升（两个产业）	工资上升，地租下降（两个产业）
长期结果	两国间的要素价格均等化，两国更加专业化。两国均得到净收益，得者：美国的土地所有者和外国的工人；失者：美国的工人和外国的土地所有者	

从长期看，各种要素会对各产业的收益差距做出反应，其方式便是在各产业之间进行流动。同一种要素的所有销售者，最终将对在近期内已经拉开的各产业的要素收入差距做出反应。一些美国纺织工人将在小麦产业找到收入更高的工作，而这又会使小麦产业的工资水平下降而使纺织产业的工资水平上升。一些美国棉、毛产地的地产主也会通过转向与小麦相关的生产而获取更高的地租，而这又进一步使不同地区的地租重新回归。类似地，外国农民和土地所有者将转向布匹相关产业而得到更高的收入，这又进一步使布匹相关产业的收入下降，小麦相关产业的收入上升。表4-1概括了开放贸易对要素价格发生长期影响的整个过程。

因此我们总结出在长期，受益者和受损者是按照生产要素所有者来分类的。生产扩张部门所密集使用的生产要素（即丰裕的要素）所有者受益，而生产萎缩部门所密集使用的生产要素（即稀缺的要素）所有者受损。

可见，贸易使每个参与国中的某一些人的绝对境况变得更好，另一些人的绝对状况则变得更差。短期内的得者与失者同长期中的得者与失者有所不同，因为在长时期内会发生更多的调整。

第二节　赫克歇尔—俄林（H-O）理论的三个推论

一、斯图尔帕—萨缪尔森定理

（一）结论

在上一节中我们了解到，开放贸易会在长期内将一国成员划分为得者与失者两类，而这一结论来自一个更一般性的定理：斯图尔帕—萨缪尔森定理（Stolper–Samuelson Theorem）。

该理论认为，在特定条件和假设前提下，一国产品价格的改变，从长期讲，无疑将提高大量用于产品价格上升产业的要素的实际收益，降低大量用于产品价格下降产业的要素的实际收益，无论两种要素的销售者消费何种产品。

从无贸易向自由贸易的转变，会改变产品的价格。例如在上一节例子中，贸易的开放提高了美国小麦的相对价格。在此，斯图尔帕—萨缪尔森定理将预言土地（被大量用于小麦生产的要素）所有者的实际收入会上升，而劳动力（被大量用于布匹生产的要素）的实际收入则会下降。在世界其他国家，则是劳动力的实际收入上升而土地所有者的实际收入下降。

因此斯图尔帕—萨缪尔森定理的更一般性的结论是，开放贸易会在长期内将一国成员划分为受益者和受损者两类。认为如果贸易前后经济能维持充分就业，由长期自由贸易引发的富余要素价格上升和稀缺要素价格下降，将使富余要素所有者的实际收入水平提高，稀缺要素所有者的实际收入水平减少。

（二）回答的问题

我们沿用布匹和小麦的例子，提出一个问题，当布匹的价格下降导致劳动者收入下降时，用布匹的数量来衡量的劳动者真实收入是提高了还是降低了？例如，看上去似乎如果工人将其收入的很大一部分用于购买布匹，他们将可能因从自由贸易中得到更便宜的布匹而获益。而斯图尔帕—萨缪尔森定理否定了这一点，该理论认为，开放的贸易必然使两种要素中的一种能够购买更多的两种商品，而使另一种要素购买两种商品的能力下降。斯图尔帕—萨缪尔森定理强调的是，在美国，土地所有者的收入，无论是用价格上升的小麦数量来衡量，还是用价格下降的布匹数量来衡量都会提高；而劳动力所有者的收入，用两种商品数量来衡量，都下降。

我们在下面仍然用小麦和布匹的例子来看看为何如此。在竞争条件下，每种商品的价格必然等于其边际成本。在我们的只有小麦和布匹的经济中，价格必须与各产业中土地和劳动力的边际成本相等：

$$P_{小麦}=小麦的边际成本=ar+bw$$

$$P_{布匹}=布匹的边际成本=cr+dw$$

这里两种价格以同一单位（如每种商品的单位或美元）度量，r 是土地的地租，w是向工人支付的工资，系数a、b、c和d为实物投入产出比率。这些等式表明了生产一个单位的产品需要多少土地（a和c）或劳动力（b和d）。最为简单的案例是这些系数均为常数。

假设小麦价格上升10%，而布匹价格不变，小麦价格的升高，以及相应的小麦生产的扩大）将使至少一种要素的收入上升。实际上，它很可能提高土地的租金价格，因为小麦种植需要更密集地使用土地，所以r上升。再看布匹产业的公式，如果r上升而布匹价格保持不变，工资w必将绝对下降。布匹生产的收缩将压低工人工资。下一步将下降的w代回小麦生产部门的公式中。如果w下降，而且P上升10%，则r的上升必须高于10%，以保持等式成立。所以如果小麦是土地密集型生产部门，则有：

$P_{小麦}\uparrow$10%而且$P_{布匹}$不变，意味着$r\uparrow$高于10%，而且$w\downarrow$

这样，相对价格的改变导致要素价格更加放大了反应：与价格上升产业更密切相连的一种要素的市场收益（例如本例中的r）会比价格更快地提高，而与其他产业更密切联系的一种要素的实际购买力将下降。

不管我们如何改变这一例子（例如，尽管我们使小麦价格不变而改变布匹的价格，进而使实际工资上升，实际地租下降；或尽管我们使生产者随r和w的变化而改变投入产出系数a、b、c和d），同样的原理仍然适用。这一原理将符合如下事实：在贸易（或其他事件）改变了小麦与布匹比价之前和之后，在竞争条件下，价格都必然与边际成本相等。

二、特定要素模式

前面提到斯图尔帕—萨缪尔森定理只适用于两种要素、两种产品的特定情况，而特定要素模式将斯图尔帕—萨缪尔森定理扩展至多于两种生产要素的情形，就可得：

一种生产要素的特定性越强，或其在某种产品生产的投入中所占比重越高，则其越容易从产品相对价格上升（下降）中受益（受损）。

这就是特定要素模式的基本结论，特定要素是指只能用于某种产品生产的生产要素。理解特定要素的关键在于其不具备流动性，即使给予再长的时间，特定要素也很难根据报酬的不同去转换其用途。因此，特定要素的报酬就几乎完全取决于该产品生产对其的需求。换句话说，特定生产要素的供给曲线几乎是垂直的，是无弹性的。因此，其价格几乎完全取决于需求，而需求又取决于其用于生产的产品的产量规模扩张还是萎缩。

你可能会因这一定理是在短期内（要素不发生流动）还是在长期内适用而感到疑惑，答案是对两者都适用。要素与出口商品生产相联系越久，它受惠于自由贸易就越多；而它与进口替代商品生产相联系越久，它从贸易壁垒中的获益也就越多。在极端的情况下，某种只能在一个产业得到应用的要素，其命运将永久地与该产业产品的价格联系在一起。这种非流动性要素的一个恰当例子便是农田，它很难被派其他用场。对这样的农田来说，短时期和长时期没有什么区别。如果某一片农田永远只适用于生产进口替代型作物，那么，该农田所有者们的命运与禁止进口这种作物的政策息息相关就毫不奇怪了。

三、要素价格均等化定理

20世纪40年代末，预示了斯图尔帕—萨缪尔森定理的同一基本贸易定理，还做出了更为惊人的贸易在不同国家对要素价格的影响的预见。萨缪尔森在《国际贸易与要素价格均等化》（1948）一文中，在H-O定理的基础上，考察了国家贸易对生产要素价格的影响，论证了自由贸易将导致要素价格均等化，一个关于贸易对国际要素价格差异影响的要素价格均等化定理（Factor-priceequalization Theorem）被建立了起来。

（一）内容

要素价格均等化定理描述了自由贸易对国际间要素价格差异的影响。它指出，在一定的假设条件下，自由贸易不仅会使产品在两国间价格实现均等化，还会使一种生产要素的价格在两国间实现均等化。

这是一个很奇异的结论，它来源于开放贸易对各国要素价格的影响作用。在没有贸易的情况下，在美国这样一个缺乏劳动力的国家中，工人享受高水平的工资，而世界其他国家（劳动力丰裕国家）的工人则只享受低水平的工资。贸易的开放导致了美国工资水平的下降和世界其他国家工资水平的上升（回顾图4-1）。如果在自由贸易的情况下两国产品价格相同，生产技术相同，以及如果两个国家都生产两种产品（包括其他一些必要条件），那么，在自由贸易条件下两国的工资水平也会相同（可以用类似的原理推想地租的情况）。

这一定理强调了两国的贸易往来不仅仅是简单的商品交换，同时也是间接进行生产要素的交换。要素价格均等化定理意味着即使劳动力不能在国家之间流动，所有国家工人的工资水平最终也会相同。这是由于在满足模型的假设下，自由贸易使不能直接流动的要素以商品的形式实现了隐形的流动。

（二）关键假设

要素价格均等化定理需要几个关键假设：一是两国同时生产两种相同的产品（即两个国家的资源状况要很相似）；二是两国技术水平相同；三是贸易会使两个国家产品价格相等（即完全自由贸易）。而这三个条件在现实中很难完全符合，因此现实中很难看到要素价格完全实现均等，但可以看到变化的趋势。比如完全的自由贸易很难实现，自然壁垒（如运输费用）和人为壁垒（关税、配额和其他限制）总是存在的。

■ **案例再现**

加拿大患了荷兰病　能源业拖垮经济

加拿大的能源产业发展蓬勃，但美国美林银行（Bank of America Merrill Lynch）最新报告便作出诊断，指出加拿大已经患上"荷兰病"（Dutch Disease），石油和天然气产业正损害国内其他经济发展。

该报告援引"荷兰病"的理论，直指加拿大的石油和天然气产业抬高加拿大元，汇率已经损害其他依赖出口的经济部分。

报告牵动政坛神经

曾经在帝银（CIBC）任职的美国美林银行经济师安勒纳佳（Emanuella Enenajor）撰写了一份报告。

他向BNN表示，虽然加拿大只有10%的经济属于能源产业，份额相对较少，但他警告说：当你看到我们的货币，我们便能够看到加拿大元和能源价格的关联正日渐增加。

有关说法其实并不新鲜，但它却牵动着政坛神经，不少西部省份及保守党政客对石油产业有损加拿大经济前景的批评都大表反感。前加拿大央行行长卡尼（Mark Carney）曾经反驳"荷兰病"理论，坚持加拿大应该抓紧机遇，扩大其石油财富，而不应为了可能损害其他产业而发愁。

制造业十年收缩11.5%

然而，有关加拿大患上"荷兰病"的证据已经日益明显，即使能源产业在近年蓬勃发展，但依赖出口的制造业还是遭遇巨大冲击，自五年前的经济衰退以后，每年业界都出现职位流失问题。

美国政府的研究又指出，2002—2011年，加拿大的制造业收缩了11.5%，速度已超越任何发展国家，而美国制造业却同时增长23.2%。即使现在加拿大出口创下历史新高，制造业仍然无法创造就业职位，统计局数据显示出，行业去年流失的职位有1.7%。

■ **案例解析**

在此案例中，我们了解到荷兰病的概念。荷兰病（Dutch Disease，荷语：Hollandse Ziekte），是指一国因为出口自然资源而导致货币汇率上升，影响其他行业如工业出口减少、结果反而令国内制造业衰退的现象。

该词的典故来自1973年第一次石油危机爆发，能源价格高企，当时的欧洲第一能源大国荷兰因输出天然气出口获得大量收入，但这也令当时荷兰本国货币荷兰盾大幅升值，工资上涨，各行业生产成本于是大幅攀升。

荷兰因单一行业发展令货币升值，受害的是其他产业，产品的国际竞争力下滑，反而造成经济恶化，政府财政赤字也随之急速增加。结果荷兰政府提出挽救措施，包括下令三年内劳方不得要求加薪，资方则要承诺三年内不裁员，最后经济也开始复苏。

■ **案例启示**

这部分案例应用的知识点如下：

雷布津斯基定理，其主要内容是在生产要素的相对价格不变、两种商品均被生产，并且其他要素供给数量均保持不变的条件下，一种生产要素的增加会导致密集使用该要素生产的产品的产出增加，同时又使其他产品的产出下降。得出的结论是：当某要素禀赋增加时，有的行业出现增长，有的行业会出现衰退减产，主要取决于行业使用该要素的密集程度。荷兰病就是典型的例子。该理论说明，当一个国家的某种要素禀赋增加时，有的行业出现增长，有的行业出现减少，这主要取决于行业使用该种生产要素的密集程度。

第三节　赫克歇尔—俄林（H-O）理论是否能够解释真实的贸易模式

赫克歇尔—俄林理论在贸易收益、贸易对生产和消费的影响，以及贸易对各国和国际的生产要素收益的影响这三个问题上提供了重要的见解。这些见解基于赫克歇尔—俄林对如下问题的直觉：为什么各个国家出口某些商品而进口其他一些商品。为弄清赫克歇尔—俄林理论实际上是否有用，我们必须考虑这一直觉是否正确，它是否有助于解释现实世界中的贸易模式？

瓦西里·里昂惕夫对赫克歇尔—俄林理论进行的第一次正式检验采用了简单的两种生产要素的模型和美国的贸易数据，这一检验未能证实赫克歇尔—俄林理论。更为近期的检验所得出的结论是，赫克歇尔—俄林理论对于贸易模式的解释适用于多于两种生产要素的情况。

一、里昂惕夫之谜（里昂惕夫悖论）

（一）内容

1951年，美国著名经济学家瓦西里·里昂惕夫（Wassily Leontief）利用美国1947年的数据对赫克歇尔—俄林理论进行检验。由于美国是世界上资本最丰裕的国家，里昂惕夫期望能得出美国出口资本密集型商品，进口劳动密集型商品的结论。为了进行这一检验，里昂惕夫利用美国经济的投入产出表来计算美国在1947年每100万美元进口替代品和出口产品中的劳动和资本的数量。里昂惕夫的计算不仅需要了解一种产品生产中劳动力和资本的直接投入，还需要了解产品原材料中的劳动力和资本的投入，即间接投入。里昂惕夫的计算是看对于美国而言（Kx/Lx）/（Km/Lm）的值是否大于1，结果表明这个值是0.77。

瓦西里·里昂惕夫，美国出口产品的密集程度要低于其进口产品的资本密集程度，里昂惕夫得出结论：美国参加国际分工是建立在劳动密集型生产的专业化基础上，而不是建立在资本密集型生产的专业化基础上，与H-O模型的预测相悖，被称为里昂惕夫悖论。这是与要素比例理论对立的最大一个证据。在表4-2中1962年美国进出口产品包含的要素数据中，我们也可发现除了资本劳动比之外，其余都是符合H-O理论的。

表4-2　　　　　美国进出口产品包含的要素，1962 年

	进口	出口
每百万美元产品所包含的资本	$2 132 000	$1 876 000
每百万美元产品所包含的劳动（人年）	119	131
资本－劳动比率（每工人占有美元资本）	$17 916	$14 321
工人平均受教育年数	9.9	10.1
劳动力中工程师和科学家的比重	0.0189	0.0255

资料来源：Robert Baldwin,"Determinants of the Commodity Structure of U.S. Trade,"American Economic Review 61（March 1971）, pp. 126-145.

（二）对里昂惕夫之谜的解释

为什么会有这样的情况出现呢？到底是H-O理论有问题，或是里昂惕夫的数据有问题，还是里昂惕夫的方法出了问题呢？经济学家们对里昂惕夫之谜的解释主要有以下几种：

1.需求逆转

这种观点强调如果一国相对偏好密集地使用自身相对丰裕的实物要素生产商品（自有要素密集产品偏好），就会出现需求逆转现象。比如假设美国的需求偏好强烈地偏向资本密集型产品，使得美国资本密集型产品相对价格偏高，失去贸易优势，相反劳动密集型产品价格偏低，具备出口优势，因此出现了美国进口资本密集品，出口劳动密集品的情况与H-O理论相悖。同样的情形也会发生在其贸易伙伴国，直到它们在资本密集型商品的生产上具备了比较优势。

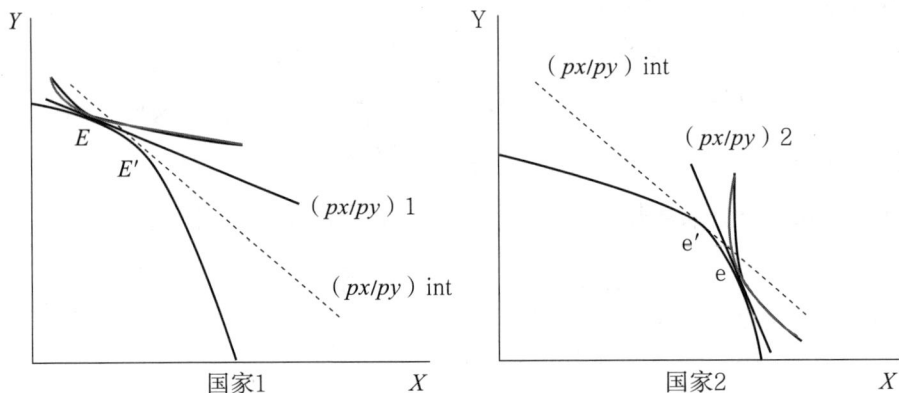

图 4-1　需求逆转时的贸易模式
注：国家 1 资本丰裕，国家 2 劳动丰裕；X 为劳动密集型产品，Y 为资本密集型产品。

需求逆转在解释悖论方面有意义必须是在需求存在显著差异（在现实中似乎不大可能）的情况下才可行。而且，需求逆转如果成立，那么美国对劳动密集型商品的需求就相对较低，因此美国的工资也将相对较低，这很难与我们对各国工资水平状况的观察相一致。

2.要素密集度逆转

这一观点认为，虽然美国的进口商品在国外可能是劳动密集型产品，但是在美国，这些商品的生产过程却是相对资本密集型的。美国贸易伙伴国（劳动丰裕的国家）出口这些劳动密集型产品与H-O定理相符，但用于美国则不符合H-O定理。

明汉斯（B.S. Minhas，1962）用1947—1951年美国和日本20个产业的数据，将两国20个产业中的K/L比率按照从大到小进行排列。如果不发生要素密集度逆转，日本的排序应当与美国的一样。从统计学上看，这意味着美国的排序与日本排序间的相关系数应当等于1，而明汉斯得到排序相关系数仅为0.328。虽然有人主张在真实世界中存在要素密集度逆转的现象，但可能没有明汉斯说的那么重要。

3.美国的关税结构

在美国，劳动者比资本所有者受到的贸易保护要更多，因此，美国的贸易壁垒对相对劳动密集型的进口商品的打击最厉害。在这些商品被限制的情况下，美国进口商品构成为相对资本密集型商品，因为劳动密集型商品被贸易"保护"在外了。所以里昂惕夫悖论在一定程度上反映了美国关税结构造成的后果，并不能反映与H-O定理相一致的自由贸易结果。实证表明这在一定程度上解释了悖论，但似乎并没有完全解决。

4.劳动者不同技能水平

有人将美国劳动者分为8种类型，表明美国出口产品中包含第1类工人（科学家和工程师）劳动的比例高于其他国家，第8类工人（不熟练和半熟练工人）的劳动低于其他国家。在进口产品方面，使用第1类工人的比例最小而第8类工人比例最大。

里昂惕夫悖论之所以会产生，是因为它运用了两种要素进行检验，而不是多种要素（不同技能类型的劳动者都可以看做是不同的生产要素）。或许美国的要素禀赋是熟练劳动者丰裕（同时也是资本丰裕），而非熟练劳动者稀缺。如果这样，美国的贸易模式与H-O理论就不矛盾了。

5.自然资源的作用

许多被称为资本密集型的进口竞争性商品实际是自然资源密集型产品，里昂惕夫悖论之所以会产生，是因为商品类型区分出现了错误。

二、世界各国的要素禀赋情况

经济学家曾经以多种方式对赫克歇尔—俄林理论进行了检验。完全的检验需要有如下方面的信息：不同国家的要素禀赋，各种产品的国际贸易以及生产这些产品所需要的要素比例。我们可以通过以下对要素禀赋和贸易模式的考察而看到这些检验的结论。

表 4-3　　　世界要素禀赋占有份额（20 世纪 90 年代初）　　单位：%

国家	实物资本	高技能劳动力[a]	中等技能劳动力[b]	低技能劳动力[c]	可耕作土地	森林
美国	25.8	28.5	13.6	0.5	24.1	15.8
加拿大	3.6	5.8	1.3	0.1	6.0	27.3
日本	15.0	10.4	7.2	0.3	0.5	1.4
德国	9.3	4.6	4.5	0.2	1.5	0.6
法国	5.6	3.4	2.9	0.1	2.4	0.8
英国	3.6	6.5	3.0	0.1	0.8	0.1
其他工业化国家	19.5	14.2	13.1	0.9	13.7	14.2
发展中国家	<u>17.6</u> 100	<u>26.6</u> 100	<u>54.4</u> 100	<u>97.8</u> 100	<u>51.0</u> 100	<u>39.8</u> 100

注释：所有数据都是近似值，"世界"代表可得到合理数据的 60 个国家（25 个工业化国家和 35 个发展中国家），实物资本为 1992 年数据，劳动力为 1994 年数据，土地为 1993 年数据。

a——专业技术人员。

b——不属于专业技术人员的有文化的工人。

c——没有文化的工人。

资料来源：有关实物资本的数据见 Penn-World Table (available at http://nber.org)。有关劳动力的数据见 World Bank. *World Developmenl Report 1994*. 1994, Table 25. and *World Developmenl Report 1996*. 1996, Table 4, and International Labor Office, *Yearbook of Labor Statistics* 各期中表格。有关文化水平和土地的数据见 United Nation Programme, *Human Development Report 1997*, 1997. Table 1, 24 and 43。

表4-3显示了一些国家某些生产要素在全球资源中所占有的份额。为了判定要素资源的相对丰裕性和相对稀缺性，应当将一国拥有某一要素全球资源的份额同该国占有其他要素全球资源的份额相比较。在工业化国家，包括美国和表中列的其他5个国家，实物资本（或非人力资本）相对丰裕，由职业人员和技术工人所代表的高技能劳动力也同样丰裕。

在这里以低技能劳动力（代表的非技术工人在发达国家属于稀缺资源，而发展中国家在实物资本、高技能和低技能劳动力方面则具有相反的稀缺—丰裕模式。在中度技能劳动力方面，各国间的反差并不如此明显，各国的份额在稀缺与丰裕度中处于中度范围。

表4-3证实了我们关于世界可耕作土地和森林的分布的知识。这类土地相对集中于北美和其他一些发达国家和发展中国家（如澳大利亚和阿根廷）。欧洲和日本则缺乏可耕作土地和森林。如果可方便地得到有关其他自然资源——矿物、金属矿石和捕鱼权的国际数据，这些数据将显示出稍有不同的模式。加拿大将仍旧是拥有相对丰裕资源禀赋的国家，而美国则不是。其他主要拥有丰富资源的国家包括一些石油及金属矿石生产国（如澳大利亚、玻利维亚、智利、牙买加、扎伊尔和赞比亚）。

三、贸易情况

赫克歇尔和俄林曾正确地预见，不均等的要素配置应当反映在贸易模式中，即各国应出口相对密集地采用其丰裕资源的产品和服务。

国际贸易模式大致上证实了赫克歇尔和俄林关于各国倾向于出口密集地采用其丰裕资源的产品的预言，表4-4显示了美国一些商品的进出口情况。美国有相对丰裕的可耕地资源，因而是温带农产品的净出口国（出口大于进口）。美国还拥有相对丰裕的诸如煤这样的自然资源，并成为这些资源的净出口国。同时，美国还是石油等其他很多自然资源产品的净进口国（进口超过出口）。

表 4-4 　　　　　1995 年美国特定产品的国际贸易　单位：10 亿美元

A. 其贸易与赫克歇尔—俄林理论相符合的产品

产品	美国出口	美国进口
小麦（041）	5.2	少量
玉米（044）	7.5	少量
大豆（2222）	5.4	少量
煤（322）	3.6	少量
石油及石油产品（33）	6.2	56.1
化工产品（5）	60.2	41.3
飞机（792）	25.6	6.2
精密仪器（87）	19.4	11.9
服装及饰物（84）	6.7	41.6
鞋类（85）	少量	12.2

B. 其贸易与赫克歇尔—俄林理论不相符合的产品

产品	美国出口	美国进口
钢铁产品（67）	6.2	15.6
计算机（752）	23.1	35.4
汽车（78）	49.2	102.6

注释：括号中为国际贸易分类标准编号。

美国拥有相对丰裕的高技能劳动力，包括研究与开发所需要的科学家和工程师，并成为高技能劳动力或技术密集型产品的净出口。低技能劳动力在美国相对稀缺，因此美国为低技能劳动力密集型产品的净进口国。

美国其他一些产品的贸易模式似乎与赫克歇尔—俄林理论不相符合。表4-4中显示了其中的3种产品：美国是钢材和汽车的净进口国；美国既出口，又进口大量的计算机。要素比例似乎不能够解释美国这些产品的贸易模式。

第四节 出口导向的及进口导向的生产要素

赫克歇尔—俄林理论所强调的要素禀赋与国际贸易模式的联系，还以斯图尔帕—萨缪尔森理论的逻辑表明了贸易对要素集团的收入和购买力的影响。确定哪些要素是出口导向的，哪些是进口导向的，有助于各国政策制定者了解通过贸易自由化，哪些集团会受益而哪些集团会受损，从而知晓哪部分人会支持或反对自由贸易。

（一）美国的贸易模式

图4-2显示了美国出口品及与国内生产相竞争的进口品的要素构成。从总体上看，劳动的收入在美国出口产品价值中的比重要大于其在美国进口产品价值中的比重。这部分地反映了这样一个事实，即与美国出口品相联系的就业量要稍多于与同等价值的美国进口品相联系的就业量。这也部分是由于出口方更高的劳动者平均技能水平和工资水平。实际上，似乎更为明智的做法是将劳动至少分为图4-2所示的两类：高技能的与低技能的，美国的高技能劳动是出口型要素，而低技能劳动则是进口型要素。农田是另一种出口型要素，而实物资本（正如里昂惕夫悖论所认为的）和采矿权则通常为进口型要素。

每百万美元出口品的　　　每百万美元进口品的
要素构成　　　　　　　　要素构成

低技能劳动	低技能劳动
高技能劳动	高技能劳动
资本（工厂、设备、存货）	资本（工厂、设备、存货）
农地租金	矿产权

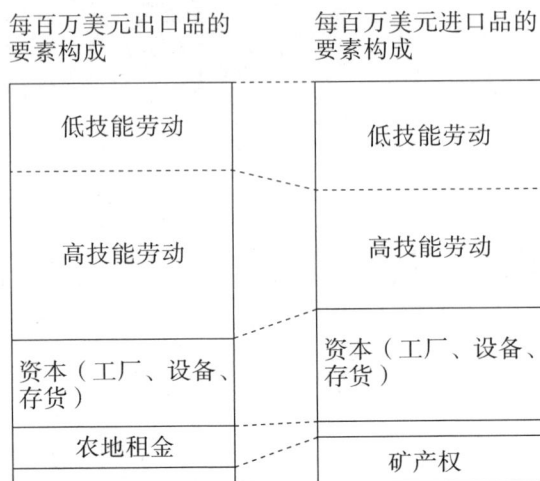

图 4-2　美国出口产品与进口产品要素构成图

（二）加拿大的贸易模式

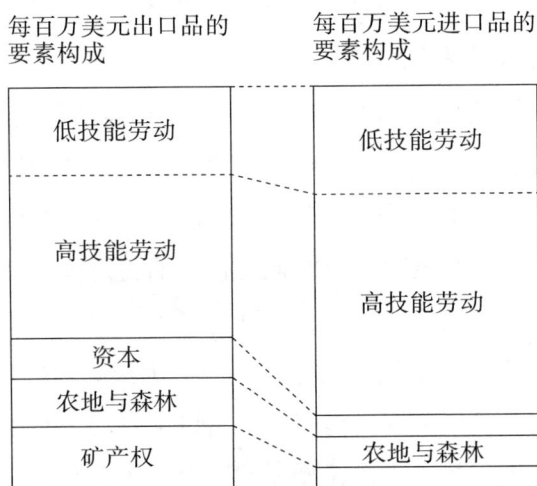

每百万美元出口品的　　　每百万美元进口品的
要素构成　　　　　　　　要素构成

低技能劳动	低技能劳动
高技能劳动	高技能劳动
资本	
农地与森林	
矿产权	农地与森林

图 4-3　加拿大出口产品与进口产品要素构成图

　　与美国相对照的是加拿大，图4-3大致反映了加拿大进出口产品的要素构成，与美国模式唯一的相似之处是两国都作为主要粮食出口者而成为农田服务的净出口国。在其他方面，加拿大的进出口模式与美国正相反，两国间很大的双边贸易使它们互为补充。加拿大主要进口熟练和非熟练劳动力，出口资本、耕地和森林以及矿物权。

（三）其他国家的贸易模式

其他一些国家的要素构成模式也曾被粗略地计算过，有三个结果值得在此做一简单的介绍。

石油输出国家的要素构成是不令人奇怪的，它们当然要大量出口采矿权。一些人口稀少的石油输出国，尤其是阿拉伯半岛的石油国家也出口资本服务，其方式是通过借贷服务以其国外资产获得利息和红利。这些国家隐含地进口几乎所有其他要素：人力要素和农田。

进口石油的发展中国家在进口石油时隐含地进口了资本和人力技能，这些国家出口劳动、农田服务以及除石油以外的矿产品。这里有一点很重要，即贸易在第三世界的分配效应。对很多发展中国家来说，出售非技术性劳动和在小块农田作业的低收入群体，由于其产品可以出口而极大地受惠于国际贸易。不利于贸易的保护主义往往使发展中国家内富人与穷人间的差距扩大。

■ **案例再现**

苹果为何不救美国

奥巴马在加州与硅谷顶级名流会餐，出席嘉宾每人须向总统提一个问题。

轮到苹果老总乔布斯发言时，奥巴马用自己的问题打断他的话：如何才能让苹果在美国生产手机？

曾经苹果号称其产品产自美国，如今，几乎没有。苹果公司去年共售出7 000万台手机、3 000万台平板电脑及5 900万件其他产品，几乎全部产自海外。

奥巴马问到，为什么这些工作不能回到美国？

据另一位在场嘉宾讲，乔布斯直截了当地答道："这些工作不会回来了。"

总统的提问触及苹果的中心信念。不仅仅是海外员工更廉价，苹果执行官们相信海外工厂的庞大规模及外国工人的灵活性、敬业精神及工业技能远远超过美国，以至于对大多数苹果产品来说"美国制造"不再是一个可行的选项。

苹果已经成为地球上最著名、最受崇敬、最被他人模仿的公司之一，如此成就部分归功于苹果将全球运作发挥得淋漓尽致。去年，苹果员工人均盈利40万美元，超过高盛、埃克森美孚和谷歌。

但最令奥巴马、经济学家、决策者及许多高科技同行沮丧的是：苹果远不如其他著名公司那样热衷于在它们的鼎盛时期创造美国工作。

苹果在美国雇佣43 000人，海外员工为20 000，仅为通用汽车在20世纪50年代40万美国职工的零头，通用电气在80年代的美国雇员也高达数十万。更多的人则为苹果的供应商工作：约70万人设计、制造、组装iPads、iPhones及其他苹果产品。这些人几乎都不在美国工作，而是受雇于位于亚洲、欧洲及其他地区的外国公司。

■ 案例解析

在这个案例中我们可以发现，如果时间足够长，要素积累或经济增长可能会改变一国的比较优势形态，即原来具有比较优势的产品，现在可能变成比较劣势，而原来具有比较劣势的产品，现在可能变成比较优势。苹果手机的生产是一项人力资本密集型活动，本属于美国的苹果手机生产工作现在不能回到美国，其中一个原因是海外劳动力更廉价。

从供给角度看，这说明美国的生产要素禀赋的结构在发生变化，人力资本丰裕度与海外相比不足，失去了生产苹果手机的比较优势。

■ **案例启示**

在案例中，苹果在美国雇佣的人数仅为通用汽车在20世纪50年代40万美国职工的零头，通用电气在80年代的美国雇员也高达数十万，以至于对大多数苹果产品来说"美国制造"不再是一个可行的选项。告诉我们一国的比较优势形态不是一成不变的，如果时间足够长，要素积累或经济增长可能会改变一国的比较优势形态，即原来具有比较优势的产品，现在可能变成比较劣势，反之一样。因此，各国在不同发展阶段，相对的各要素丰裕程度有所不同，需要有不同的发展对策。

第五章

新贸易理论：规模经济、不完全竞争与国际贸易

■ 本章学习目标

1. 熟悉规模经济理论。

2. 熟悉产业内贸易理论。

3. 熟悉垄断竞争市场、垄断竞争情况下产业内贸易分析。

4. 熟悉寡头垄断市场、寡头垄断情况下产业内贸易分析。

5. 熟悉外部规模经济情况下产业内贸易分析。

第一节 规模经济理论

知识点串讲

规模经济效应分为内部规模经济效应和外部规模经济效应，内部规模经济效应存在于单个厂商内部，而外部规模经济效应存在于单个厂商之外。

一、内部规模经济的定义

内部规模经济有时候又被简称为规模经济，是指厂商同比例地增加两种生产要素的投入时，产出增加的比例大于投入增加的比例，从而使单位产品成本下降。比如厂商的劳动力和资本投入同时增加1倍，而产出量超过1倍，这样单位产出的成本（即平均成本）就下降了，这便存在规模经济。对应着厂商的长期平均成本曲线中下降的部分，如图5-1所示。规模经济的程度往往不易于精准度量，但它却是厂商长期分析与决策中的重要概念。在短期内机会成本递增的情况下，同样也可能存在长期的规模经济效应。

单位成本（$）

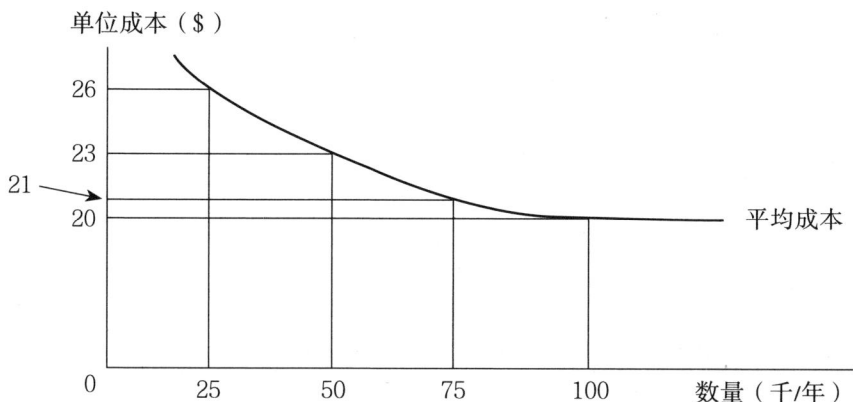

图 5-1　平均成本曲线

二、内部规模经济及其源泉

如果厂商通过扩大自身规模从而使其平均成本降低，这就是内部规模经济。产生内部规模经济的原因主要有以下三点：首先，随着生产规模的扩大，厂商积累的生产经验越多，从而生产每一单位产品的投入就会减少，这就是干中学。其次，较大规模的厂商能够更好地克服技术设备的不可分性，提高生产效率和降低平均成本，使生产力得到更充分的利用，同时采用更专业的机器设备，提高专业化水平。最后，将一些固定成本，比如研究与开发或生产设置费用分摊到更多单位的产出；等等。

三、内部规模经济对市场结构的影响

（一）内部规模经济使市场结构偏离完全竞争市场。与小厂商相比，大厂商具备成本优势，而这一成本优势就会成为市场进入的自然壁垒。因此市场结构不会再是完全竞争性。

（二）内部规模经济会导致垄断竞争或寡头垄断。这取决于内部规模经济效应的显著程度。内部规模经济越显著，市场容纳的厂商数量越少，越容易产生寡头垄断。如果内部规模经济程度温和或一般，则倾向于形成垄断竞争结构。

四、外部规模经济及其源泉

外部规模经济，是在假定厂商规模报酬经济不变的情况下行业所具有的报酬递增性，它源自厂商没有能力完全利用的知识或信息。整个行业的生产规模越大，各厂商间的信息交流越多，它们的成本就会越低。或者说，当某一地区聚集了大量同行业厂商，使行业规模扩大时，每个单个厂商的平均成本下降。产生外部规模经济的原因主要有以下三点：首先，劳动力及其他专业投入品集中，因此降低了搜索成本等交易成本。其次，当产品的生产技术知识通过劳动力在厂商间流动导致的扩散，也是产生外部规模经济的重要原因。最后，相关配套产业的出现会降低生产成本，比如物流、销售等，这也是产生外部规模经济的重要原因。此外，外部规模经济可以很好地解释一些产业中厂商的聚集，比如硅谷、好莱坞等。

■ **案例再现**

中国大飞机叫板空客、波音，会不会成为下一个庞巴迪

2015年11月2日，中国商飞推出的C919大型客机首次下线，正式宣告中国可以自主生产大型客机。C919的推出被誉为中国航空产业"历史性的突破"。但是，C919从初步设计一直到下线甚至未来的试飞、交货，一路伴随着重重顾虑：中国大飞机是否能冲破波音、空客两大航空制造业巨头双寡头的垄断？

全球民机制造市场一直被美国波音和欧洲空客垄断。中航工业航空

装备董事长汪亚卫在接受媒体采访时曾指出，目前民机市场可以说是全球垄断程度最高的行业。"特别是干线飞机，美国的波音公司和欧洲的空客公司已经完全瓜分完了全世界市场，绝不允许第三家进入，不管是西方公司还是东方公司。"他说。

回顾国际民机制造业，不少企业死于双巨头的垄断绞杀。

2003年，当时为世界第三大民机制造商的加拿大庞巴迪集团决定发展C系列客运飞机。他们将C系列定位于高端支线飞机市场和低端干线飞机之间的航空市场，实际上却仍将直接面对空客A318与波音737-600的直接竞争。

在双巨头的影响下，全球竟没有一家航空公司真正支持庞巴迪C系列飞机研发。3年之后，庞巴迪宇航公司宣布："目前的市场情况表明，现在启动C系列飞机计划为时尚早，公司将把C系列飞机项目的人力和物力转移到支线飞机和涡桨飞机业务上，以满足支线航空对80-100座飞机的未来需求。"这意味着，庞巴迪集团挑战双巨头的尝试最终失败。

此外，波音和空客通过标准、规范的制定和推广，试图将产品竞争演变为市场准入限制，适航证极有可能成为中国大飞机的"软肋"。

中国民航管理干部学院航空经济研究院副主任赵巍曾撰文介绍，适航证由型号证、生产许可证和单机适航证三证组成，是客机安全性能的认证。国际上最为权威的欧洲（JAA）与美国适航当局（FAA）颁发的适航证为大多数国家认可，中国的大飞机只有取得其中一个适航认证，才可以得到进入国际市场的通行证。

同时，她还指出："适航证理论上是最低安全标准，实际上是市场的准入证，也是航空强国垄断世界飞机市场，阻止他国飞机产业发展的政治、经济、技术壁垒。中国大飞机产业还没有走完一个真正意义上的先进民用飞机研制的全过程，取得国际适航审核是需要积极应对的难题。"

俄罗斯民机就曾因无法取得适航证而惨遭滑铁卢。汪亚卫此前在接受媒体采访时介绍，"冷战"结束前，前苏联民机制造工业实力雄厚，可无视美欧适航证而将民机销往其他国家。苏联解体之后，由于美欧适航证的封杀，俄罗斯民机制造被逼上绝路，即使是俄罗斯国内航空公司都不购买没有美欧适航证的俄罗斯飞机。

此外，日本也曾研发出60座的YS11支线飞机，荷兰曾研发110座的福克100，德国曾有70~80座的多尼尔，瑞典也生产过50~60座级的Saab200，但这些挑战者均在惨烈的国际竞争中宣告失败。

中国商飞推出的C919大型客机定位为150座级双发中短程窄体客机，系列化后将覆盖130~200座范围，适应枢纽机场到大中城市机场，以及大中城市机场之间航线运营的要求。赵巍指出，中国商飞C919将直接面对波音737MAX和空客A320NEO的市场竞争。

那么，中国商飞是否能冲破双巨头垄断？赵巍认为，中国大飞机项目的成功必须经过双寡头垄断下市场破局的检验。在航空制造业双寡头垄断格局下，中国商飞要成为成功的挑战者，就必须在产品、市场和产业上逐步胜出。

■ **案例解析**

民用大型客机行业是典型的全球寡头垄断行业，它的产生原因在于其生产的显著规模经济效应。规模经济效应的程度决定了企业成本最低的最优规模，对于规模经济效应明显的产业，企业的最优规模较大，因此在市场需求相对不变的情况下，市场所能容纳的企业数量就较少，民用大型客机制造业就是这样的行业。

在这种情况下，这种企业会在哪个国家就由许多复杂的因素所决定，如比较优势、历史因素或政府政策等。

■ 案例启示

对于全球寡头垄断的行业，虽然可以收获最优规模从而降低成本，但是会遭遇"竞争不足"的缺点，存在着寡头之间勾结索要高价的可能性，如果可以出现第三家厂商来竞争，虽然从短期看可能成本较高，但是从长期看则可能提高世界福利水平。然而，在没有政府干预的情况下，这种情况很难出现，因为寡头企业的威慑力使得新的进入者往往会望而却步，因此一些国家政策采取"战略性贸易政策"，支持商务飞机的本地生产。

对于中国而言，研制大飞机的弊端可能是成本高昂，而且往往是以其他具备比较优势的产业来获取的收入来补贴大飞机行业。而且也有技术研发周期长、风险大的问题。但是从长远看，如果成功，则可能成为重要的竞争者，获得市场竞争的好处。

■ 案例再现

为何苹果在中国建立生产线？
2007年iPhone生产幕后揭秘

纽约时报今天发布了一篇很值得人们思考的评论文章，苹果公司把几乎所有的产品生产线都建立在中国，而且类似苹果这样的美国公司不在少数，中国的劳动力十分廉价，但仅仅是钱的原因吗？

其实可以这样说，中国的廉价劳力是一个原因，但是即便剔除这个因素，苹果这样的公司也是不可能在美国建立工厂加工产品的，举个简单的例子，按照几年前的政策，我国政府对那些一天可以招募3 000名员工的工厂或者在两周之内招募8 700人的工厂给予十分优惠的政府补贴。

这就意味着，中国的一家工厂在2周之内可以招募8 700人，而在美国完成这个时间要9个月。现在的电子产品零件繁多，但是大部分都集中在几个区域生产，全球的生产线无论如何是不可能搬到美国的，美国承受不起。

下面开始揭秘2007年iPhone生产：

2007年，在第一代iPhone开卖之前的一个多月（这个时候iPhone已经开始量产了），乔布斯把众手下都叫到了办公室。最近几周乔布斯一直亲自使用iPhone原型机，乔布斯一直把这个iPhone原型机放在口袋中。

乔布斯有些愤怒地举起iPhone，并使屏幕倾斜，让大家看到了屏幕上面的许多划痕，然后他又从口袋里掏出了钥匙，说："人们会把手机放在口袋里，人们也会把钥匙放在口袋里。我们的产品是不允许这样轻易被划伤的！"乔布斯说这些话的时候甚至有些激动。对于这个问题，解决办法只有换用防划玻璃，乔布斯说："我要玻璃屏幕，我要在6周之内让它变得完美。"

其中与会的一名苹果高管，开会之后马上预订了一张到我国深圳的机票。他知道，如果要想在6周之内达到完美，除了深圳，他无别处可去。

之后的发生的"中国奇迹"足以让所有外国人目瞪口呆：新的屏幕在午夜就到达了工厂，工厂的领班在夜里的宿舍紧急集合了8 000名工人，每名工人都发了一杯茶和一些点心，之后8 000人在半小时之内全部上岗就位，12小时一轮班开始为iPhone换玻璃屏幕，这项流程一直持续了96个小时，而每24个小时的iPhone产量为10 000台。

其实这两年里，这个工厂一直在负责一个代号为Purple 2的生产任务，为了重新定义电话，出于设计和各种方面的考虑，或者仅仅因为乔布斯的一个念头，工厂就会接到一些"紧急任务"在限定时间内去生产或者加工某一种产品。想要确保这种效率，并且不至于让成本赤字，那么只有中国的工厂能做得到。

Purple 2就是传说中的第一代iPhone代号，虽然苹果从未证实过。

■ 案例解析

苹果手机的生产涉及各种各样的零部件，这些零件在一个工厂是无法完成生产的。这些零件来自各个地区甚至国家，就难免会产生高额的成本。如果在短期内进行某种程度上的生产，必然会涉及方方面面的生产成本。在苹果手机某部件的生产过程中，需要集合很多工厂以及工人，由此带来的成本十分高昂。但是，深圳拥有完备且庞大生产体系的产业园区以及大量的劳动工人。因此，一整套的生产在深圳的产业园区就可以自行运作，这将大大地降低生产成本以及缩短生产周期。这也是为什么那位苹果高管在接到乔布斯的新要求后，除了深圳，他无处可去的原因所在。

■ 案例启示

深圳的产业园区集合了手机行业的大量工厂，真正地做到了资源间的有效整合，极大地降低了生产成本以及缩短了生产周期，这便是外部规模经济的效应。在该产业园区的所有工厂，他们可以互相合作和共同管理，比如共同采购原材料，减少运输成本以及降低生产要素的价格。当一个产业园区达到一定规模和完备生产体系的时候，外部规模经济的效应就会越明显。这也是为什么我们国家大力推动建设高新产业园区的原因所在，其中深圳的手机产业园区就是最好的例子。

第二节　产业内贸易理论

■ 知识点串讲

根据比较优势理论，在资源禀赋和生产能力相似的工业化国家之间，除了初级产品贸易外很少会发生贸易。而这些初级产品贸易是由自然资源禀赋的差别所造成的。

实际上，工业化国家之间存在着大量贸易。工业化国家之间的贸易大约占世界贸易总量的一半。这与比较优势理论并不相符合。

实际数据表明，很多工业国之间存在着产业内贸易，产业内贸易扮演了更为重要的角色。大约四分之一的世界贸易由产业内部的双向贸易构成。那么，何为产业内贸易呢？

一、产业内贸易的定义

产业内贸易是指相同或非常相似产品（相同产业生产的产品）的双向贸易（出口及进口），即出口一种产品用于进口类似的产品。比如美国向日本出口汽车，同时美国向日本进口汽车、法国葡萄酒与意大利葡萄酒，就都属于产业内贸易，又称水平贸易。

与此相对的是产业间贸易，即出口一种产品用于进口另一种产品。比如中国向美国出口衣服，同时中国向美国进口飞机。发达国家与发展中国家之间的贸易更多的是产业间贸易，又叫垂直贸易。

二、产业内贸易的相关指标

为了更好地描述产业内贸易，将一国或地区的某一产业的贸易分为净贸易和产业内贸易两个部分。

净贸易是指某产业的进口与出口之间的差额，即（X−M），如果X−M>0，该国为净出口国；相反，称为净进口国。

产业内贸易（IIT）就是贸易总量中除了净贸易的那部分，即进口与出口相抵销的那一部分贸易。因此产业内贸易的计算方法为：IIT=（X+M）−|X−M|=2min（X，M）

式中，X代表该产业出口量，M代表该产业进口量。与之相对应的是，产业内贸易份额的计算方法为：

IIT share=IIT/（X+M）=1−|X−M|/（X+M）=2min（X，M）/（X+M）

所以，当X = M时，则IIT share取最大值1；当X和M当中有一个为0时，则IIT share取最小值0。因此，IIT share的取值区间为[0，1]，该值越大，说明产业内贸易程度越强。

三、产业内贸易的产生与产品差异化

在发达国家的制成品贸易中产业内贸易可能主要是因为规模经济的推动，而不是基于比较优势的行业间的生产专业化。有很多原因可以解释产业内贸易，但最主要的还是产品差异化效应。也就是说，消费者将同一行业的所有产品看作是相似的，但又不是完全可以相互替代的，这便会在国家之间产生产业内贸易。较低的贸易壁垒使产业内贸易更容易实现。产品的差异化和需求的多样性是产业内贸易的基础。如果产品之间的差异越明显，那么产业内贸易就越重要。产业内贸易交易的对象具有多样性。

为什么各种产品只能以有限的品种被生产，而不是以无限的品种去生产以便满足所有的消费者偏好需求呢？也就是说，既然产品可以差异化，而需求又有多样性，为什么客制化程度还没有达到极致，为每一位单个消费者提供完全符合他们需要的独一无二的产品？主要是因为各种商品品种的生产必须达到一定的规模，如果只有很少一部分人需要某种品种的商品，将会导致十分高昂的成本。更进一步来说，是由内部规模经济所决定的。客制化的收益与成本之间的权衡决定了产品生产。有一定的产品多样性，但同时也要有一定的规模。在一定规模之下，客制化的收益开始低于规模缩小所带来的成本，因此，客制化就停止了。而在一定规模之上，客制化的收益是高于规模缩小所带来的成本的。简而言之，由于内部规模经济效应，产品的种类是有一定限制的。

第三节　垄断竞争与贸易

■ 知识点串讲

一、垄断竞争

（一）垄断竞争市场的特点

垄断竞争市场是各种不完全竞争市场里面最接近完全竞争市场的。与完全竞争市场一样，垄断竞争市场上也有许多厂商，他们可以自由进入和退出市场。与完全竞争市场不同的是，垄断竞争市场上的产品不是同质的，而是具有差异性，同时产品之间具有高度替代性，商品的交叉价格弹性极大。厂商具有一定的价格控制权，但厂商对价格的控制力很小。

（二）垄断竞争厂商的定价与产量决策

厂商对价格具有一定控制力，因此需求曲线向右下方倾斜。但因为需求曲线交叉价格弹性很大，所以需求曲线比较平坦。因此垄断竞争厂商的需求曲线比较接近完全竞争市场，如图5-2所示。

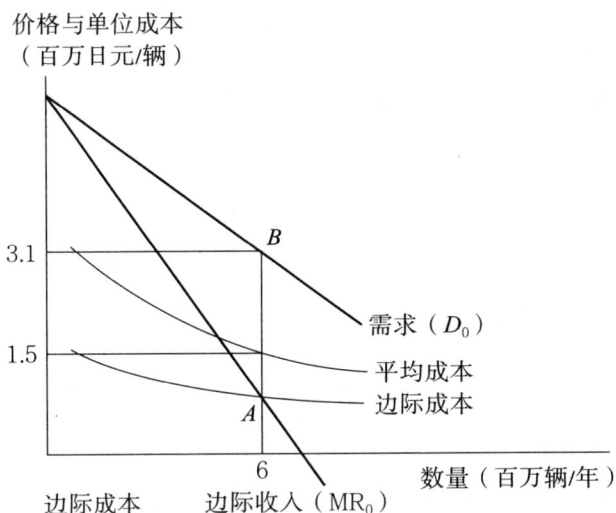

图 5-2　垄断竞争厂商的定价与产量决策

垄断竞争厂商所面临的需求曲线（D_0）向右下方倾斜。这就决定了对于垄断竞争厂商而言，边际收益小于价格，即边际收益曲线位于需求曲线的下方。同时根据规模经济效应的假定，平均成本处于下降的区间，即随着产量规模扩大，平均成本下降。而这也意味着边际成本小于平均成本，因为只有当边际成本小于平均成本时，平均成本才会被拉低并处于下降的区间。如图5-2所示，当边际成本等于边际收益时，决定了最优产量Q=6，此时对应的市场价格为3.1，厂商面临的平均成本为

1.5，因而单位产品的利润为3.1-1.5=1.6。此时，厂商处于盈利状态。厂商的利润吸引新竞争者进入。但是在长期内，垄断竞争厂商不仅可以调整生产规模，还可以加入或退出市场。这就意味着，在长期均衡时利润必定为零。

在短期内，假定厂商经济利润为正，由于垄断竞争市场没有进入壁垒，将会吸引新的厂商进入市场。这会对原有厂商的需求曲线产生两方面影响。第一，需求曲线左移。在原有市场需求不变情况下，由于厂商数目的增加，会导致各个厂商面临的需求减少。第二，需求曲线变得更加平缓。随着更多新厂商的加入，该市场产品种类会增加，因此需求曲线的需求价格弹性会更大，即需求曲线更加平缓，如图5-3所示。

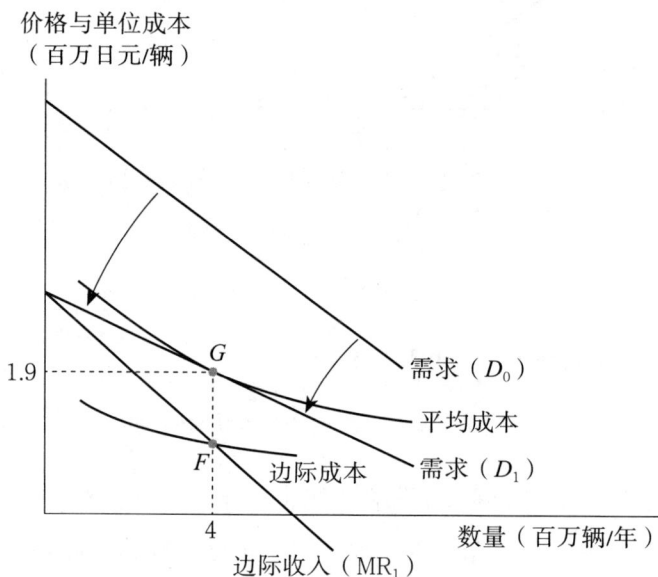

图 5-3　无壁垒情况下垄断竞争厂商的长期均衡

在市场进入无壁垒的情况下，只要现有厂商有利润，新厂商就会进入。在长期内，这种状态会一直持续到需求曲线与平均成本曲线相切，此时经济利润为零。

（三）垄断竞争的多余生产能力

垄断竞争的创始人之一张伯伦认为，如果经济中存在着以产品差别为基础的价格竞争，厂商在一定程度上通过改变自己产品的销量来影响价格。但在垄断竞争厂商的产量（即实际产量）低于完全竞争市场下的产量（即理想产量）时，我们把实际产量和理想产量之间的差额称作多余的生产能力，可以理解为垄断竞争市场为产品的多样性（即产品差异化）所付出的代价。因此，在分析垄断竞争时，必须综合考虑多余的生产能力所导致的效率损失与产品差异化所带来的收益。

二、垄断竞争：贸易开放

（一）贸易开放的短期效应

下面我们以汽车市场为例来分析贸易开放的短期效应，同时假定本国生产本田汽车。如果封闭的国内汽车市场现在对外开放贸易，便会产生以下两种影响：第一，本田可以向国外偏好本田的消费者出口汽车；第二，本国将面临来自外国的其他品牌车的附加竞争。在贸易开放的短期内，如果外国对本国的需求较大，需求曲线右移，本国将会获得正的净利润。反之，如果来自外国的进口竞争更加激烈，需求曲线左移，本国将会蒙受经济损失。本国以及全球该产业的其他厂商必然会做出相应的生产调整。该产业中的一些厂商可能会退出市场，一些新的厂商可能会进入该市场，此时将会形成一个新的长期均衡。

（二）贸易开放的长期效应

在长期内，垄断竞争厂商均衡时利润必然为零。但本田最终面临的市场需求为国内需求加上国外需求，由于竞争者的加入，整个市场产品的种类也越来越多，此时需求比以前国内需求更具有弹性，因此，需求曲线更为平坦，如图5-4所示。

价格与单位成本
（百万日元/辆）

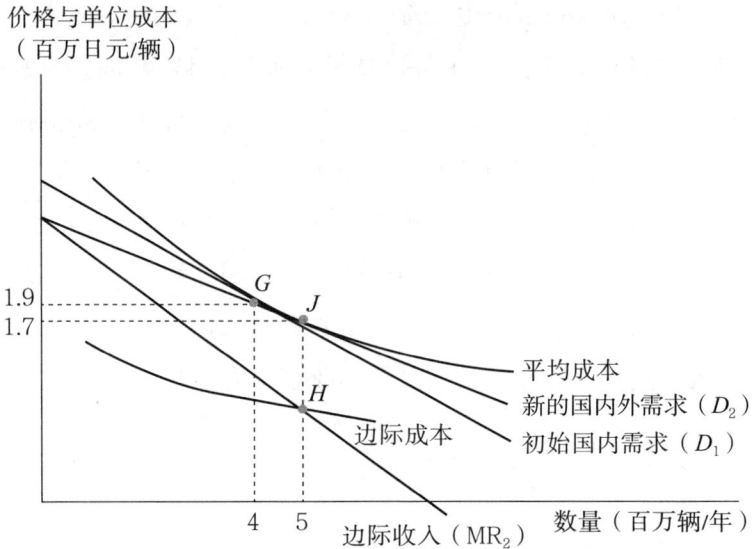

图 5-4　贸易开放前后的长期均衡

在图5-4中，新的需求曲线更加平坦，在本国没有开放贸易前长期均衡点为G，贸易开放后长期均衡点为J。无论是原来的需求曲线还是新的需求曲线，均与平均成本曲线相切，即长期均衡时利润为零。J与G相比，产品的价格降低了，产量增加了。也就是说，开放贸易的净结果是：本田公司销售的汽车销量更高，价格更低。

（三）贸易开放对整个行业的影响

如图5-5所示，价格曲线P表示市场提供的商品品种数目与厂商为自己品种产品收取的价格之间的关系。价格随着市场品种数目的增加而降低。这是因为对每个品种产品的需求变得更加富有弹性。平均成本曲线UC表示各个品种的平均成本水平与品种数目之间的关系。在既定市场规模下，平均成本随着市场中品种数目的增加而增加。这是因为随着更多品种的商品加入市场，各品种所面临的需求减少因而产量会降低，导致无法更好地利用规模经济，所以平均成本会增加。

因此，在垄断竞争市场上，厂商数目与价格由两方面关系决定：

第一，厂商数目越多，竞争越激烈，产品的价格越低。第二，厂商数目越多，每个厂商卖的产品相对越少，平均成本越高。如果价格超过成本，该产业获利，有更多的厂商进入该产业。如果价格低于成本，该产业亏损，有些厂商就退出该产业。当价格等于成本，价格与厂商数目达到均衡。在长期均衡状态下，厂商利润为零，因此平均成本等于价格。

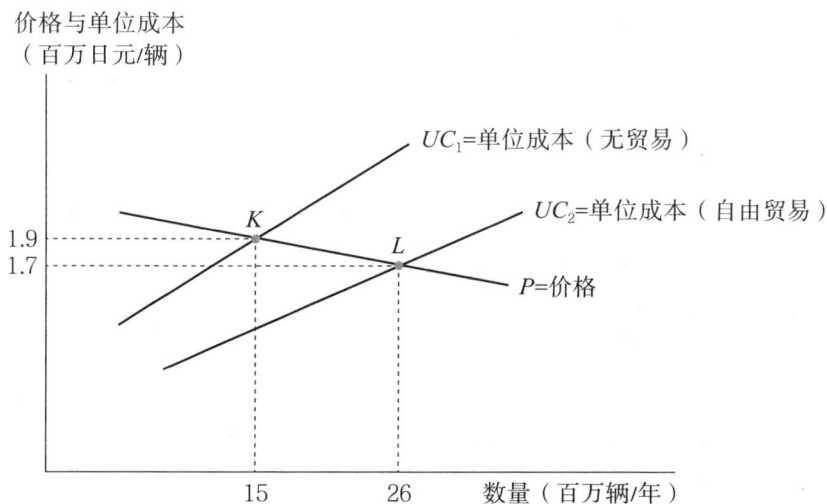

图 5-5　贸易开放前后的商品品种数目与价格

整个市场的均衡点位于平均成本曲线和价格曲线的交点处。在没有开放贸易的情况下，市场规模仅限于国内需求，平均成本曲线为 UC_1，市场均衡点为 K。当这类产品可以进行国际贸易时，市场规模扩大至整个世界市场。随着市场规模的扩大，平均成本向下移动到 UC_2，市场均衡点为 L，与 K 相比，均衡价格更低，产品品种更多。因此，在垄断竞争情况下，开放贸易导致更低的价格和提供更多可供消费者选择的品种。

（四）贸易的基础

是什么决定了本国向国外出口汽车呢？我们可能会想到规模经济，但向右下方倾斜的平均成本曲线并非本国的汽车厂商所特有。其他汽车厂商也都具有一定的规模经济。因此，每家厂商都不具备比较优势。推动产业内贸易的根本原因是外国消费者对本国特色商品的需求以及本国消费者对国外特色商品的需求。也就是说，产品差异化是推动产业内贸易的根本原因。规模经济效应使得各个国家的各个汽车厂商只从事生产一定数量的某种车型或品牌。规模经济促使汽车产业的不同车型或品牌车的生产实现专业化，有时产业内贸易的规模是很巨大的，甚至在生产能力相似的两个国家之间也是如此。

除此之外，该产业也可能会产生净贸易额，即本国是汽车的净出口国或净进口国。导致净贸易的原因是比较优势，即比较优势是"净贸易"的基础。此外，赫克歇尔—俄林理论也可以解释净贸易的产生，比较优势理论和要素比例理论解释了一国的净贸易模式。

（五）贸易的收益

通过产业内贸易，本国消费者可以有更多的商品品种和样式的选择，大大增进了国民的福利。比如本国消费者不仅可以选择本国汽车（本田），也可以选择国外的汽车品牌（大众、奔驰等），因此他们的经济福利会得到增加。另外，开放贸易后，由于国际间竞争会导致价格的降低，这也会进一步增加消费者的福利，这一点在之前的章节也能得到验证。

若增加的贸易为产业内贸易，贸易的开放对于国内要素收入的分配不会产生明显影响。这是因为本国在出口的同时也进口了部分国外产品，国内总产出没有太多改变从而对应的生产要素也没有太多的流动，因此，要素的收入分配就不会产生明显影响。在这种情况下，由于商品品种增加所产生的效益，所有厂商都可以从附加的贸易中获益。另外，产业内贸易的收益可以在一定程度上弥补净贸易所导致的要素收入分配效应。即多种品种收益可以抵销由于产业间生产转移而导致的要素收入损失。因此，产业内贸易很少会导致贸易争端。

第四节　寡头垄断与国际贸易

■ **知识点串讲**

一、寡头垄断的概念

寡头垄断是指少数几家厂商控制整个市场的产品和销售的这样一种市场组织。如果大厂商拥有巨大的规模经济效应使其相对于小厂商具有成本优势，便会发生全球寡头垄断。显著的规模经济效应导致寡头垄断市场结构。当内部规模经济非常显著时，厂商的最优规模巨大，而当市场需求规模有限时，所容纳的厂商数量很少，从而形成寡头垄断行业。

二、寡头垄断与博弈论理论

在寡头垄断市场中，每家厂商采取任何行动（比如降低价格、增加广告支出和引进新产品等）都会引起其他厂商产生对应的反应。这种寡头厂商之间的相互关系模型可以用博弈论来解释，从而使我们对此有更深入的理解。我们运用博弈论理论来分析一个简单的例子。甲乙两个共谋犯罪的人被关入监狱，不能互相沟通情况。每个囚犯都面临两种策略选择：揭发和沉默。如果两个人都不揭发对方，则由于证据不确定，每个人都坐牢一年；若一人揭发，而另一人沉默，则揭发者因为立功而立即获释，沉默者因不合作而入狱十年；若互相揭发，则因证据确实，两者都判刑八年。由于囚徒无法信任对方，因此倾向于互相揭发，而不是同守沉默。这就是著名的"囚徒困境"理论。也就是说，个体有时站在自身角度做出了理性的选择往往与集体的理性发生冲突，如表5-1所示。

表5-1　　　　　　　　　"囚徒困境"策略选择

	乙	
策略（甲）	揭发	沉默
揭发	(-8, -8)	(0, -10)
沉默	(-10, 0)	(-1, -1)

对于寡头垄断厂商来说，其出路自然是以某种方式寻求合作，以共同限制其竞争行为，进而双方都取得更高的利润。以双寡头市场为例，包括厂商1和厂商2。寡头之间博弈的结果可能有两个，一个是"合作均衡"，即两者串谋并形成事实的垄断，并制定垄断高价；另一个是"不合作均衡"，即两者不合作，从而产生事实上的竞争性市场，并制定竞争性的低价，如表5-2所示。这种合作可以是某种正式的协定，也可以是基于对共同利益和历史形成的行为方式的认识而达成的默契。

表5-2　　　　　　　　　双寡头市场博弈

	厂商1	
策略（厂商2）	合作	不合作
合作	(10, 10)	(0, 5)
不合作	(5, 0)	(2, 2)

三、寡头垄断情况下的贸易模式

在现实中，存在很多类似的例子，典型的就是OPEC组织。虽然在理论中存在寡头厂商合作的可能性，但面临现实中经济利润的诱惑，往往这一均衡会被破坏。这取决于厂商之间合作的默契。如果厂商合作的经济利润远高于不合作的经济利润，此时厂商合作的可能性就会很大。这种合作可以是基于某种正式的协定，也可以是基于以往双方的默契。如果某些产品存在巨大的规模经济效应时，其生产将集中于全球少数几个寡头厂商从而获取这一规模经济的效益。这些寡头厂商所在国将出口这些产品，其他国家进口该产品。

那么，这种贸易模式是如何建立起来的呢？此种贸易模式更多是由于历史原因决定的。起初，寡头依据比较优势原则选择地点。在投入要素丰富的地方进行生产，由于投入要素的低成本而带来比较优势；一旦生产位置被确定下来，通过大规模的生产获取规模经济，这种贸易模式就会延续下来。随着时间推移，最初的比较优势发生变化，但寡头厂商却存留下来。虽然该地区已经没有比较优势，但是由于寡头厂商巨大的规模经济效应导致的低成本，使得它不再可能转移到其他地点，这是由于巨大的初始成本，尽管其他国家可能会以更小的成本进行生产。新的具有比较优势的区域很难形成新的大厂商，除非经历长时间的亏损。这是因为新的厂商进入必须占有很大的市场份额从而大规模生产，因而供给的增加会带来价格的降低。另外，原有厂商就会利用自身的优势来降低价格打击新竞争者。

四、寡头厂商定价策略

由以上分析可知，寡头垄断厂商的定价面临着囚徒困境，寡头厂商可能采取两种策略：

一是合作或高价策略，此时寡头厂商获取高额利润，有利于出口国，使其贸易条件改善，增加其国民收入，此时贸易的收益更多流向出口国；二是不合作或低价策略，此时寡头厂商无高额利润，有利于进口国。最终的结果取决于所有寡头厂商之间博弈合力的结果。此外，全球寡头垄断现象成为政府干预的依据，不少国家制定了相应的法律，比如美国的反托拉斯法。

第五节　外部规模经济与国际贸易

■ 知识点串讲

一、外部规模经济与产业内贸易

当整个产业在某一区域内长期扩张会降低该区域每个出生地平均成本时，便存在外部规模经济。如果不存在内部规模经济，那么一个产业便可存在大量的厂商，图5-6介绍巨大的外部规模经济与充分竞争的产业并存的情况。

价格（＄/单位）

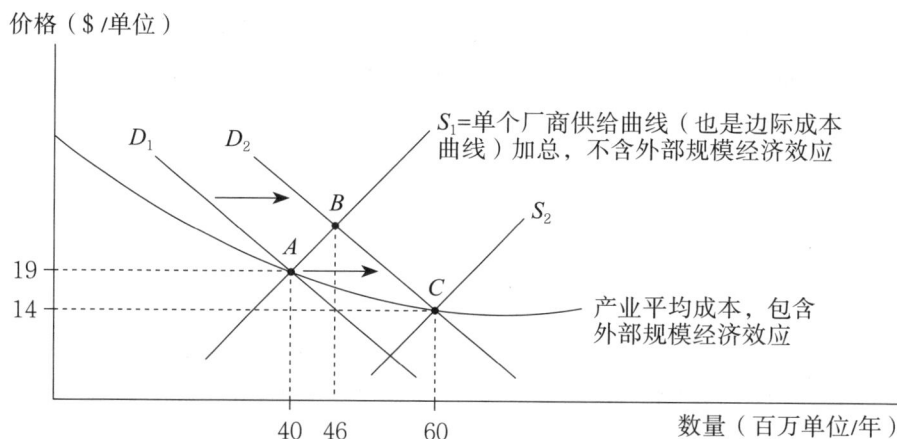

图 5-6 外部规模经济与充分竞争

假定该产业是竞争性的，但具有外部规模经济效应。起初，均衡状态位于A点，即短期需求曲线D_1与短期供给曲线S_1的交点。图5-6中的特殊之处在于短期供给曲线和长期平均成本曲线同时存在。向右上方倾斜的短期供给曲线是所有单个厂商的水平加总。当贸易的开放带来新的需求时，短期需求曲线D_1向右移到D_2处，在没有外部规模经济的情况下，均衡点为B点（此时，厂商的边际成本曲线尚未发生任何变化）。考虑到外部规模经济效应（如信息交流降低成本，提高生产率），这会使整个产业的效率提高和成本降低，也就是说，厂商的边际成本将会下降，所以短期供给曲线S_1会右移到S_2处，此时新的长期均衡点在C点。将A点和C点连接在一起构成长期的平均成本曲线。从长期来看，该产品的价格将会下降，产量将会更高。

那么，开放贸易对于拥有外部规模经济的产业来说，其福利效应如何呢？首先，出口国家的产品生产者会得到产业扩张带来的更多的生产者剩余，尽管价格的降低会抵销一部分效益。其次，进口国家的生产者则会蒙受生产者剩余的损失。最后，由于产品价格的下降和产量的增加，无论是出口国还是进口国的消费者都从中获得了消费者剩余。简而言之，在可以获得外部规模经济的产业，需求的增加导致了供给的巨大增加以及成本和价格的降低。贸易的扩张使得所有消费者和出口国的生产者获益。

二、外部规模经济情况下的贸易模式

我们应当如何看待拥有外部规模经济产业的贸易模式呢？很多问题都与那些与巨大的内部规模经济相联系的问题类似，生产趋向集中于少数地方。如果实现了贸易开放，一些地方将实现扩张与出口，一些地方则会减少或停止生产并依赖进口。但产业内贸易模式是不可预测的。我们没有说过哪些地方要扩张生产，哪些地方要收缩或停止生产，是因为贸易模型没有告诉我们这一点。如果更大的国内市场会使本国厂商在开放贸易后成为低成本生产者，那么，没有发生贸易时的国内市场规模便是重要的。如果第一个开拓国际市场的国家会成为低成本生产者，那么历史的机遇或政府政策的推动就会是重要的。外部规模经济往往是来自于机遇或者政府政策所导致的长期生产优势，而各个国家的初始比较优势并没有什么区别。生产的布局和贸易模式倾向于延续下去，尽管某些地方潜在的低成本优势尚未被开发。已经拥有了规模优势的地方很难为其他地方所取代，而后者会将此看作是新兴产业问题。

第六章

关税与非关税贸易壁垒

1. 分析说明关税对小型进口国的影响。

2. 分析说明大国的最优关税率。

3. 对进口配额和自愿出口限制在大国和小国的效应进行分析。

4. 对其他非关税进口壁垒进行介绍和分析。

5. 考察对实际关税和非关税壁垒成本的估算。

第一节　对关税的基本分析

■ **知识点串讲**

一、关税的定义

关税是一国政府通过海关向进口商品或服务征收的税赋。关税主要分为两种类型：从量关税和从价关税。从量关税是以货物的计量单位（重量、长度、面积、容积、数量）等作为征税标准，以每一计量单位应纳的关税金额作为税率；从价关税则根据进口商品价值征收一定比例的关税。

征收关税的目的：（1）增加政府的财政收入；（2）保护本国的产品和市场。

二、关税的价格效应

小国的假设：经济学意义上的小国指的是该国在世界生产和贸易中所占的份额非常小，它的进出口对世界市场价格没有影响，在世界市场中，它是一个"价格接受者"。在小国情况中，不存在贸易条件效应，因为小国关税不影响其贸易条件，贸易条件指一国出口品国际价格与进口品国际价格之比。小国所面临的出口供给曲线是水平的。

　　大国的假设：经济学意义上的大国是指进口对于世界市场价格有所影响的国家，即该进口国在国际市场上拥有买方独家垄断力量，其进口可以单方面地引起国际市场价格的变化。在大国情况中，存在贸易条件效应，因为大国的关税会影响其贸易条件。大国所面临的出口供给曲线不再是水平的，而是向右上倾斜的。关税的价格效应如图6-1所示。

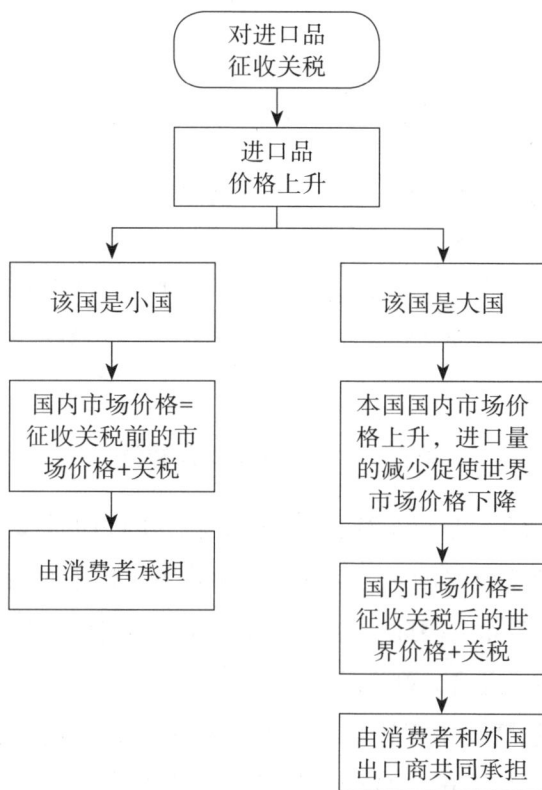

```
              ┌──────────────┐
              │  对进口品     │
              │  征收关税     │
              └──────┬───────┘
                     ↓
              ┌──────────────┐
              │  进口品       │
              │  价格上升     │
              └──────┬───────┘
          ┌──────────┴──────────┐
          ↓                     ↓
   ┌─────────────┐       ┌─────────────┐
   │  该国是小国  │       │  该国是大国  │
   └──────┬──────┘       └──────┬──────┘
          ↓                     ↓
 ┌──────────────┐      ┌──────────────┐
 │ 国内市场价格= │      │ 本国国内市场价 │
 │ 征收关税前的市 │      │ 格上升，进口量 │
 │ 场价格+关税   │      │ 的减少促使世界 │
 └──────┬───────┘      │ 市场价格下降   │
        ↓              └──────┬───────┘
 ┌──────────────┐             ↓
 │ 由消费者承担  │      ┌──────────────┐
 └──────────────┘      │ 国内市场价格= │
                       │ 征收关税后的世 │
                       │ 界价格+关税   │
                       └──────┬───────┘
                              ↓
                       ┌──────────────┐
                       │ 由消费者和外国 │
                       │ 出口商共同承担 │
                       └──────────────┘
```

图 6-1　关税的价格效应

三、关税对小国的影响

（一）关税对生产者的影响

　　首先分析自由贸易的情况。如图6-2所示，在自由贸易中，自行车价格为300美元，这是由于外国商品和与本国可比商品的竞争所导致的均衡价格。在这一价格水平上，消费者每年的自行车需求量为D_0，本国的自行车供给量为S_0，因此本国的自行车进口量为$M_0=D_0-S_0$。

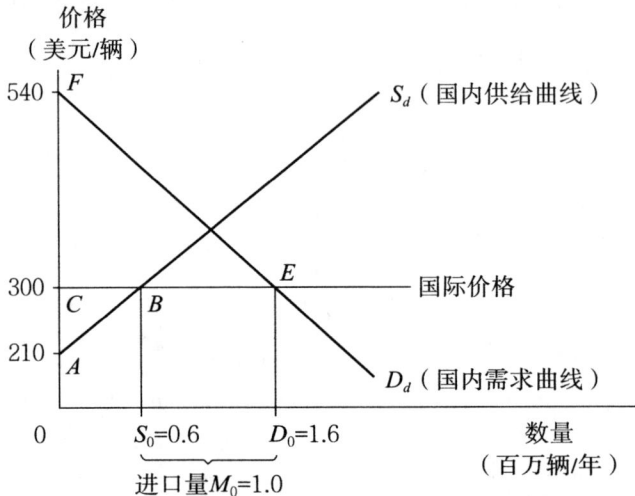

图 6-2　小国的自由贸易均衡

现在假设对进口自行车征收10%的关税，因为本国是小国，作为价格接受者没有改变价格的能力，而外国出口者可以继续为其出口的每辆自行车收取300美元。因此，这10%的关税负担将转嫁给消费者，进口自行车的价格将上涨至330美元。

在征收关税后，由于进口自行车价格上涨，国内自行车生产者也会提高其价格。如果国产自行车与进口自行车完全可以相互替代，或者它们是非常相近的替代品，那么国内自行车的价格也将提高到330美元。国内自行车市场价格提高，国内生产者将会增加其产量。征收关税后的情况如图6-3所示。

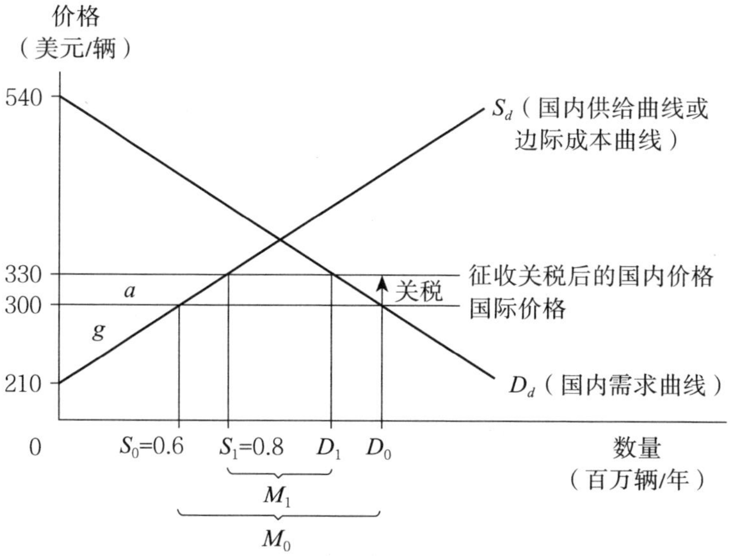

价格
（美元/辆）

540

S_d（国内供给曲线或
边际成本曲线）

330
300
210

a

g

↑关税

征收关税后的国内价格
国际价格

D_d（国内需求曲线）

0   S_0=0.6 S_1=0.8 D_1 D_0 数量
（百万辆/年）

M_1

M_0

图 6-3　开放小国征收进口关税

在征收关税后，国内生产者剩余面积为$g+a$，即在价格为330美元时，国内供给线以上与价格线以下的部分的面积。关税使得国内生产者剩余增加了面积a所代表的量。

综上所述，关税可以提高本国生产者剩余，$\Delta PS=+a$。即a是生产者的得益，它本身来自消费者的损失。a可以被分成两部分，一部分是由于原有生产者的利润增加；另一部分是由于价格提高使得可被容纳的边际成本提高，使原本无法在市场中竞争的一部分生产者有机会从事生产和市场竞争。

（二）关税对消费者的影响

首先分析自由贸易的情况，如图6-4所示。在自由贸易的条件下，消费者以每辆300美元的国际价格购买D_0辆自行车。图6-4中的需求曲线以下和价格线以上的部分的面积为本国消费者的消费者剩余，即$S_{\Delta FEC}$代表本国消费者能够以现行市场价格购买自行车而得到的收益。

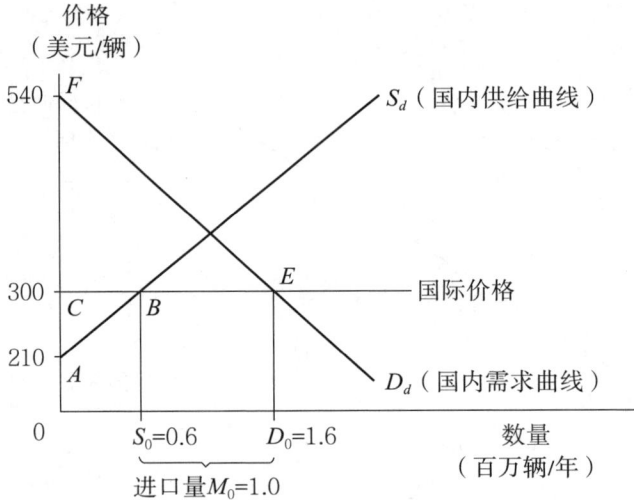

图 6-4　小国自由贸易均衡

现在，政府向进口自行车征收10%的关税，此时消费者购买自行车的价格提高到了330美元，图6-5显示了征收关税之后自行车市场对消费者的影响。在征收关税之后，自行车的市场价格提高使得消费者的需求数量从D_0降至D_1。此时的消费者剩余为$S_{\triangle FHG}$，关税使得消费者剩余减少了$a+b+c+d$的面积。

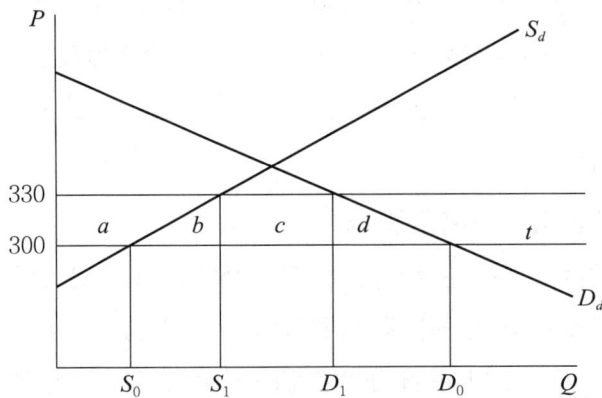

图 6-5　开放小国征收进口关税

综上所述，关税降低了本国的消费者剩余，$\Delta CS = -(a+b+c+d)$。即 $-(a+b+c+d)$ 是消费者的损失。其中，a 给了生产者；c 是政府的关税收入；$b+d$ 是净损失。消费者的损失来自两方面，一部分消费者由于价格提高退出市场造成的福利损失，即面积 d；另一部分是仍然留在市场中的消费者付出的价格提高造成的福利损失，即面积 $(a+b+c)$。

在征收关税之后，本国消费者的福利损失大于本国生产者的福利增加，原因是：生产者只受益于本国产品的价格上涨，而消费者却同时受损于本国产品和进口产品的价格上涨。因此，就关税对消费者和生产者的影响而言，关税无疑导致了净损失。

（三）关税对政府收入的影响

关税是政府收入的一部分，它等于单位进口商品的征税量乘以进口商品总量，即图6-5中的面积 c。

（四）关税与国民净福利

在分析关税对于国民净福利的影响时，我们采用1美元1票的福利度量标准：无论谁受益、谁受损，每1美元的收益和损失与任何其他1美元的收益或损失同等重要。如图6-6所示，在此标准下，关税会给进口国和作为一个整体的世界带来明显的净损失。

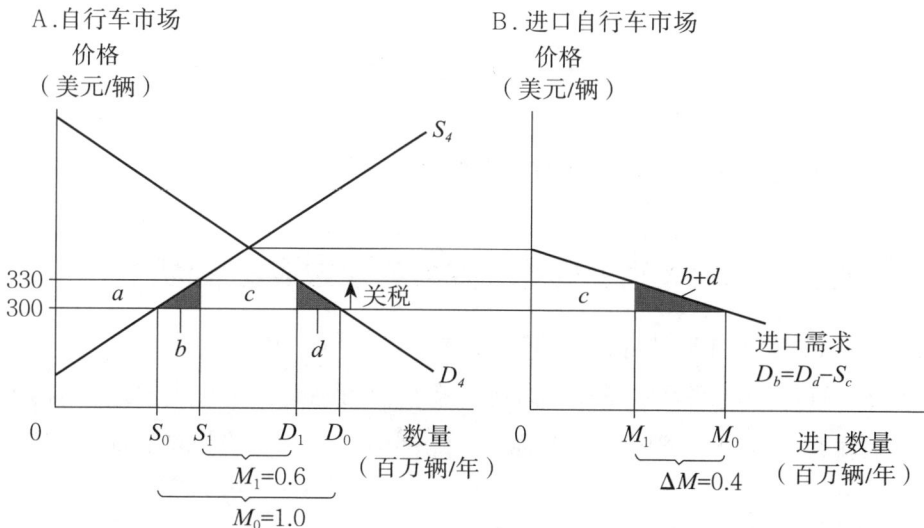

图 6-6　关税与国民净福利

图6-6的左图是本国自行车市场的供给与需求情况，从图6-6中可以看到，征收关税以后，消费者损失的美元价值超过了生产者收益和政府关税收入的总和，净国民福利损失为面积b+d。图6-6的右图是进口自行车市场的情况，自行车的进口量等于需求量减去国内供给量，此图中的净国民福利损失也为面积b+d。

净国民福利损失产生的原因如下：净国民福利损失代表了由于关税而失去的国际贸易以及专业化所得。其中，面积d被称为关税的消费效应，体现了进口消费者因减少其自行车总消费量而遭受的福利损失。消费者损失的面积d所代表的福利并没有被其他任何人得到，因此这一面积是一种"无谓损失"，是由关税导致的整体的无效率。面积b被称为关税的生产效应，体现了由于生产高效率的国外生产者转移到低效率的国内生产者所导致的效率损失，生产者损失的面积b所代表的福利也没有被其他任何人得到，因此，这一面积也是一种"无谓损失"。综上所述，由关税导致的贸易收益的损失以两种形式存在：面积d代表的消费效应和面积b代表的生产效应。

福利变化的计算如公式（6-1）所示：

$$\Delta PS = \Delta P \times \frac{(S_0 + S_1)}{2}$$

$$\Delta CS = -\Delta P \times \frac{(D_0 + D_1)}{2}$$

净福利变化 = $\Delta PS + \Delta CS + \Delta$ 政府财政收入　　　　　　（6-1）

四、关税对大国的影响：贸易条件效应与最优关税

假设进口国要对自行车进口征收少量关税，从而导致自行车价格上涨，进口国的消费数量相应减少。在自由贸易时，出口国向进口国出口的自行车数量使其边际成本等于国际价格。现在由于关税的征收，使

得出口国的生产量及销售量降低，从而其边际成本将低于自由贸易时的国际价格，因此，出口国会降低其产品价格，使得自行车的价格低于国际价格但高于其生产的边际成本，以增加其向进口国的出口。这样，作为大国的进口国便可以以更低的价格向外国出口者购买自行车，在这种情况下，进口国可能从关税中获益。

事实上，这里还存在着全世界经济效率的损失，即世界的无谓损失。这种损失来自以下三个方面：一是阻止了一部分进口，而这部分进口对于购买者来说，本可以比其向外国销售者支付的用于弥补其生产成本的价格更有价值。二是将一些生产转向了具有更高生产成本的国家生产。三是关税的实施本身还需要有成本。然而，只要关税的税率不是很高，对于进口国来说，以更低的价格继续进口原来进口的绝大部分商品，其益处可以超过上述成本。因此，在关税率不太高的情况下，进口国若为大国，其征税后的境况会优于自由贸易时的境况。

图6-7对这一情况进行了说明。这里的外国供给曲线向上倾斜。假设进口国对自行车征收少量关税。征收关税后，自行车价格提高，从而消费者的消费数量减少。但这一损失非常小，可以很容易地被进口自行车的收益所弥补，这一收益来自外国供应商出口价格的降低。

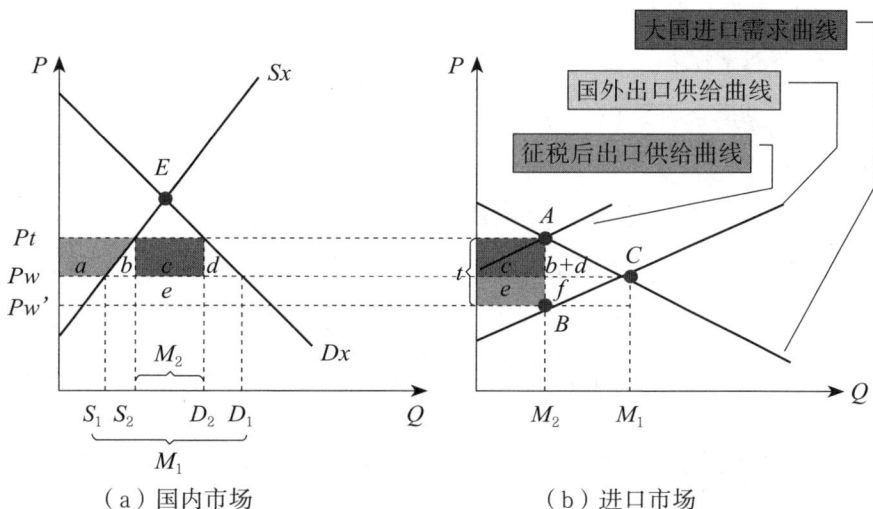

（a）国内市场　　　　（b）进口市场

图6-7　国家最优关税

在大国情况下，生产的福利变化为 $\Delta PS=+a$，生产者的福利增进来自两个方面，一是原有厂商可以享受更高的价格；二是由于价格提高使更多生产者有机会进入市场。消费者的福利变化为 $\Delta CS=-(a+b+c+d)$，消费者的福利损失也来自两方面，一是原有消费者付出更高的价格，即面积（$a+b+c+d$）；二是一些消费者被挤出市场，即面积 d。政府收入为（$c+e$），其中，面积 c 是由国内消费者支付的，面积 e 是国外生产者支付的。大国的福利净损失为 $e-(b+d)$，当 $e>(b+d)$ 时，关税使大国的福利增进。

接下来讨论使得进口国获得收益的关税限度——大国最优关税，这一关税率等于外国出口者供给价格弹性的倒数。外国供应商的供给价格弹性越低，最优关税率越高：愿意向进口国提供几乎是一个固定数量的商品的外国供应者的价格弹性越低，进口国便可以从对方得到更高的利益。反之，如果出口者的供给弹性无限大（小国的情况），即只以固定的价格供货，进口国便不能使对方接受更低的价格。在这种情况下，进口国的关税只会使自己受损，此时的最优关税率为零。

图6-7的右图显示了一个大国的最优关税。该国从进口自行车价格的下降中受益，以面积 e 代表。它大大超过了以面积 $b+d$ 表示的该国作为自行车净消费国损失的对自行车的消费。国家收益为 $e-b-d$，它大于任何其他关税率条件下的国家收益。最优关税率就是使得 $e-(b+d)$ 达到最大的关税率。

对于世界整体来说，国家最优关税是不可取的。从图6-7的右图可以看出，对于整个世界，由于国际贸易量由 M_1 降低到 M_2，所以导致无谓损失 $b+d+f$。关税对于一个国家来说可以是最优的，但它对于全世界来说，仍旧意味着净损失。不仅如此，当一个大国面对缺乏弹性的外国供给曲线时，即使外国的供应商不能予以反击，外国政府也可能会采取行动，他可以对进口国设立新关税以进行报复。在这种情况下，征收最优关税是不明智的。而且最优关税只是一个静态分析，如果进行动态分析，考虑报复性关税或贸易战，则关税的影响不仅仅是静态的结果，一次关税可能导致更大的损失。尽管如此，最优关税仍然是一个重要的概念。

∎ **案例再现**

美国制造回归本土，已开始在本土制造电视机

以下案例为有关关税的信息，请根据所学挖掘信息背后的经济学含义。

在底特律郊区坎顿（Canton），过去四周以来，一个由45名身着灰色工作服的工人所组成的团队正在做着一件至少最近四年里在美国没有尝试过的事情——他们在制造电视机。

这家美国公司就是明尼苏达州伊登普雷里市（Eden Prairie）的Element Electronics公司，其总裁麦克·欧肖尼西（Michael O'Shaughnessy）说，"我们认为，这一趋势是经济大环境促成的。"这家公司已经在美国销售了六年中国制造的Element品牌电视机。

Element公司称，他们决定在底特律装配电视机是考虑到，如此一来便无须支付大约5%的进口电视机关税，而从美国中心区向各零售端发送最终产成品则降低了运输成本。所有元配件都来自进口——这就是产品上只能标记"美国组装"的一个原因。据欧肖尼西估计，就一台46寸电视机而言，在关税上节约的成本平均为27美元。

■ 案例启示

这部分案例应用的知识点如下：

第一，关税的价格效应，关税使得进口商品价格提高。对于电视机销售厂商来说，它们购买外国出口的电视机在本国销售，属于进口电视机的消费者。美国作为大国，在国际市场上拥有买方独家垄断力量，其进口可以单方面地引起国际市场价格的变化。结合案例，进口关税的征收使得进口电视机价格上升，从而进口数量减少，美国电视机价格等于征收关税后的世界价格加上关税，而这一价格的增加由美国电视机销售厂商和外国电视机出口厂商共同承担。

第二，关税的福利效应。征收关税减少了本国消费者的消费者剩余，消费者剩余的减少来自两方面，一部分是美国电视机销售厂商由于价格提高而退出市场造成的福利损失，另一部分是仍然留在市场中的美国电视机销售厂商付出的价格提高造成的福利损失。

■ 案例再现

欧盟再以关税对我国自行车设障

以下案例为有关关税的信息，请根据所学挖掘信息背后的经济学含义。

欧盟日前对中国产品再举贸易保护主义大棒，此次将矛头对准了自行车。来自中国机电产品进出口商会的消息：2011年10月6日，欧委会就对华自行车反倾销日落复审发布终裁公告，称延长对华自行车征税5年。欧方在公告中同时表示，将根据具体情况，在终裁后决定是否发起全面临时复审。

　　欧盟对华自行车实行反倾销始于20世纪90年代。该措施自1993年实施，之后历经4次日落复审调查并继续征税，其间于2005年7月将反倾销税率由30.6%上调到48.5%。2011年8月，欧盟方面向中方递交相关通知，称将对已征收18年的针对中国自行车的反倾销税再延长5年，即延长到2016年，该反倾销措施原本于2011年10月到期。

　　中国机电产品进出口商会法律服务部副主任刘鹏旭接受本报记者采访时说，18年来，欧盟一直对中国自行车实行反倾销措施，因此，中国对欧盟出口的自行车数量、市场份额都在下降，而价格在提升。中国对欧盟自行车出口量从20世纪90年代的300万辆降到现在的六七十万辆，目前只占欧盟市场的2%～3%，它们40%多的市场份额是进口其他国家的自行车。从经济数据上看，中国对欧盟自行车产业没有威胁，他们对中国企业实施反倾销是不公平的。另据了解，在18年间，欧盟极力保护的自身自行车产业并没有什么起色，他们所谓的产业伤害与中国自行车没有因果关系。

　　案例来源：《人民日报》，2011-11-29。

■ 案例启示

　　这部分案例应用的知识点如下：

　　第一，关税的价格效应，关税使得进口商品价格提高。欧盟对中国进口自行车征收关税，欧盟作为大国，在国际市场上拥有买方独家垄断力量，其进口可以单方面引起国际市场价格的变化。结合案例，进口关税的征收使得欧盟进口自行车价格上升，从而进口数量减少，欧盟自行车价格等于征收关税后的世界价格加上关税，而这一价格的增加由欧盟成员国的自行车消费者和中国自行车出口厂商共同承担。

　　第二，关税的福利效应，征收关税后，本国消费者福利减少，本国生产者剩余增加，本国政府关税收入增加。结合案例，对于欧盟成员国的消费者来说，自行车价格提高，给他们带来了福利损失，这些福利损失主要来自两个方面，一是仍然选择购买自行车的消费者付出更高的价格，二是一些消费者由于自行车价格提高选择退出市场。欧盟成员国生产商可以对其生产的自行车定价更高，因此欧盟成员国生产商福利增加，这也是欧盟实行反倾销政策的初衷——保护欧盟成员国生产商，对于欧盟成员国的自行车生产厂商来说，福利增进来自两个方面，一是原有自行车生产厂商可以享受更高的价格；二是由于价格提高使更多自行车生产者有机会进入市场。对于欧盟成员国政府来说，征收关税使得其收入增加，是一种正的福利效应。因此，对于欧盟整体来说，总的福利效应是不确定的。对于中国出口自行车的厂商来说，由于欧盟是大的需求方，若要保持对欧盟的出口量，必须要降低其自行车出口价格，因此，关税给中国的自行车生产者带来了福利损失。

■ 案例再现

2017年和2018年两次关税下调

以下案例为有关两次关税下调的信息，请根据所学挖掘信息背后的经济学含义。

第一次关税下调：财政部和海关总署日前联合发布公告，自2017年12月1日起187项商品的进口关税将进一步下调，涉及服装、家用电器等多个行业，其中部分母婴用品甚至调整为零税率。

第二次关税下调：国务院关税税则委员会公布的新一轮进口关税下调计划将于2018年7月1日起正式实施，范围涵盖日用消费品、服饰、汽车等。其中，涉及的日用消费品平均降幅为55.9%。该类别下服装鞋帽、厨房和体育健身用品等进口关税平均税率将由15.9%降至7.1%，护肤、美发等化妆品及部分医药健康类产品进口关税平均税率将由8.4%降至2.9%。

■ 案例启示

这部分案例应用的知识点如下：

关税的价格效应。关税下调，中国国内进口商品价格下降，进口商品需求量增加，由于中国是大国，进口商品的世界价格也略有上升，此时，中国国内市场价格等于世界价格加上关税，相比关税下调之前是下降的。这一价格由中国消费者和外国出口者共同承担。

关税的福利效应。关税下调，中国消费者的剩余增加，生产者的剩余下降。结合案例，2017年和2018年两次关税下调主要针对消费品，关税下调导致的商品价格降低，吸引了消费回流，拉动了中国国内消费的增长。国内消费者剩余增加，这部分增加主要来自两方面，一是部分消费者由于进口商品价格的下降进入市场进行消费，二是关税下调之前的消费者可以以更低的价格进行消费。对于中国生产者来说，生产者剩余是减少的，这部分福利损失主要来自两方面，一是由于进口商品价格下降，中国国内进口商品替代品生产厂商为了保持销量不得不降低其价格，这些生产者的利润减少；二是由于进口商品价格下降使得可被容纳的边际成本降低，使原本在市场竞争中的一部分生产者失去了从事生产和市场竞争的机会。

第二节　非关税贸易壁垒

■ **知识点串讲**

一、进口配额

（一）定义

进口配额是非关税贸易壁垒之一，它是对一国每年进口某种商品的总量的限制。政府以各种不同的方式发放具有法律效力的有限数量的进口许可证，并禁止无证进口。当许可进口数量小于人们在没有配额限制时愿意进口的数量时，配额不仅会减少进口数量，而且还会使国内价格高于国际价格，而配额持有者是按后一种价格进口商品的。

配额的影响取决于两个因素：一是进口国在国际市场中的地位，即进口国是大国还是小国；二是本国进口工业的市场结构，即本国进口工业是竞争的还是垄断的。

（二）实行进口配额的原因

首先，配额保证了不会有更多的进口品参与竞争，因此保护了本国企业，同时，配额使得进口支出保持在一定水平，保障了收支平衡。其次，配额使得政府官员在管理中更具灵活性以及在与本国公司打交道中有更大的权力。

（三）竞争条件下的配额与关税

以自行车产业为例比较配额与关税的福利效应，假设：（1）无论有没有配额，本国自行车产业都是竞争型的；（2）配额的限制作用使进口数量小于人们在现时国际价格条件下实际愿意进口的数量。

（1）小国竞争情况

图6-8比较了竞争条件下小国进口配额与等效应的关税之间的福利效应差异。等效应的关税是指足以将进口数量限制在实行进口配额时所允许进口的数量的关税。

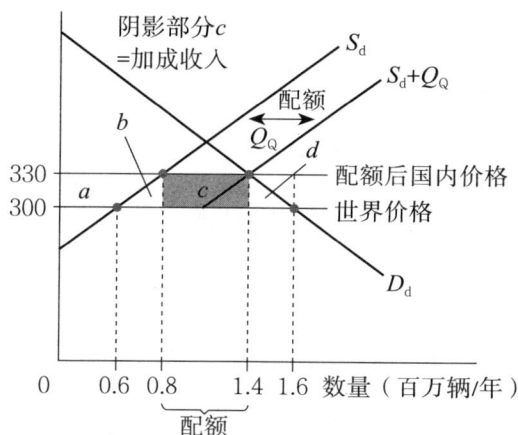

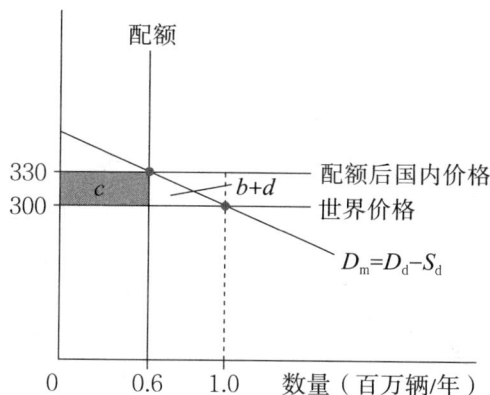

图 6-8　小国竞争条件下的配额与关税

在配额情况下，总供给曲线等于国内供给曲线加上配额数量。图6-8中，实行配额后，国内自行车价格为330美元，超过国际自行车价格。在此价格水平上，国内市场出清，国内生产者供给的数量为0.8，配额数量为1.4-0.8=0.6，国内供给加上配额数量等于国内需求数量1.4。

生产者剩余变化 $\Delta PS=a$，消费者剩余变化 $\Delta CS=-（a+b+c+d）$

其中，$b+d$ 是无谓损失，b 代表生产效应，d 代表消费效应。因此，在小国情况下，配额和关税对于消费者和生产者的效应相同。二者的差异主要体现在 c 部分的归属问题上，在关税情况下，c 部分是作为政府收入存在的，而在配额情况下，c 部分的归属取决于进口许可证的分配方式，主要有以下几种情况：

a. 在无竞争、无申请和无谈判条件下免费分配许可证。不涉及任何额外费用。此时 c 归为获得许可证的进口商所有。因为进口商进口时只需要支付国际市场的价格，产品就能在国内市场按国内的高价出售，其所得利润正好等于 c。此时，运用1美元一票的原则，不造成任何效率浪费。

b. 拍卖。此时，c 由政府与进口商共分。如果拍卖的竞争十分激烈，则许可证的价格会很接近30，这时 c 多半归政府所有。

c. 政府接受申请、评估等程序来决定将进口许可证颁发给进口商。此时，政府需要规定一定程序，进口商需要填写各种材料，其申请过程付出一定代价。此时由于申请过程需要破费人力物力，是额外的花费，整个社会利益少于征收关税的情况。

d. 政府在设置限额后，将权限交给出口国，由出口国自行分配。这相当于将许可证免费给了出口国，c 归外国。此时，本国社会净损失成了 $b+c+d$。

（2）大国情况

图6-9比较了竞争条件下大国进口配额与等效应的关税之间的福利效应差异。

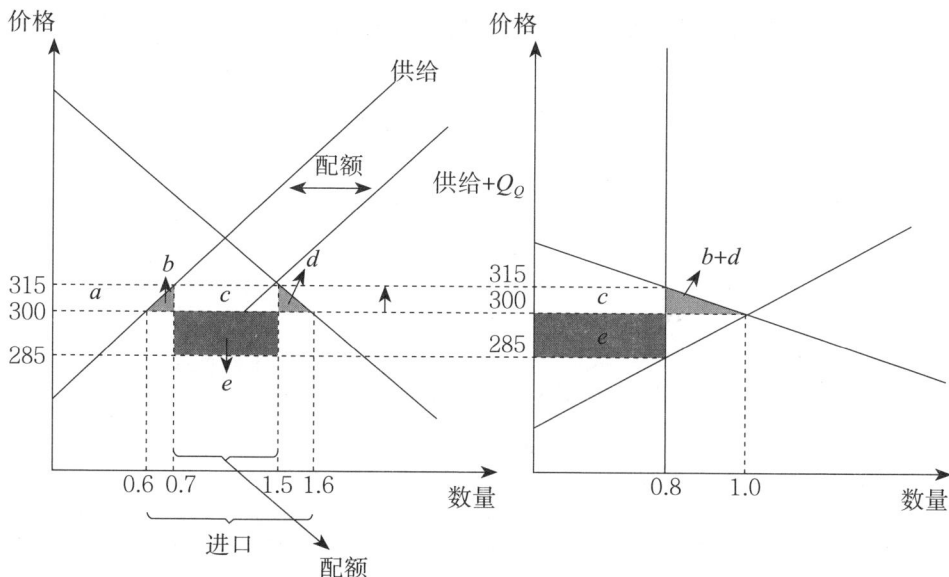

图 6-9 　大国竞争条件下的配额与关税

由图6-9可知，大国情况下，配额和关税的效应相似，区别在于 $c+e$ 的归属问题上。最优配额为使 $e-(b+d)$ 最大的配额，世界的净损失为 $b+d+f$。

（四）垄断条件下的配额与关税

如果在配额实施之前的进口国市场结构为垄断，那么配额与关税的福利效应有很大不同。在关税情况下，一个居于主导地位的国内公司不会从非禁止性关税中得到很大的垄断力量，因而它面对着有弹性的竞争性进口供给。但在配额情况下，国内公司知道，不论他们将产品价格提高到多高的水平，竞争性进口的数量都不会超过配额所限定的数量。因此，配额时垄断公司更加容易面对一条倾斜的需求曲线，这使他们更容易以更高的价格获取垄断利润。而且，在造成垄断的配额的作用下，我们得到的是更高的价格、更低的产出以及比造成等量进口的关税所导致的更大的损失。下面主要分析小国垄断情况。

垄断条件下，配额对进口国福利造成的损失比关税大。垄断厂商偏好配额，因为配额可以保持它的垄断能力，而关税则不能。图6-10和图6-11比较了垄断条件下小国进口配额与等效应的关税之间的福利效应差异。

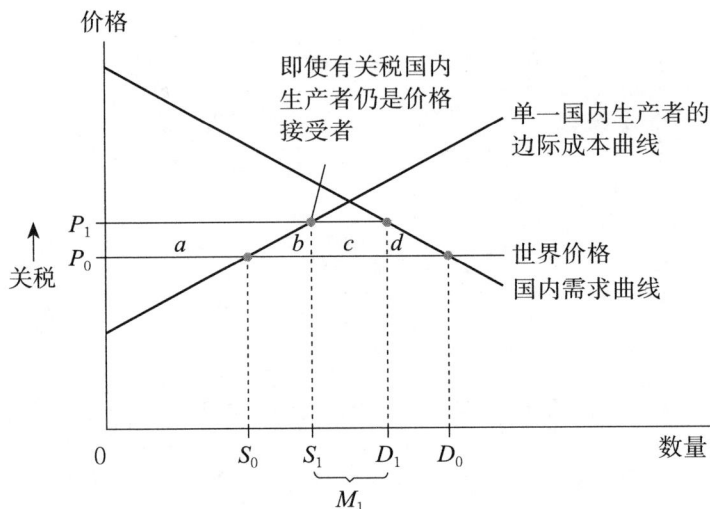

图 6-10 征收关税时小国垄断情况

图6-10说明了征收关税时，小国垄断的情况。在关税条件下，即使小国国内存在行业垄断，进口品的进入也会成为垄断厂商的竞争者。国内的垄断者成为"价格接受者"，它无法再"索要高价"，因为它一旦这样做，消费者就可以毫无限制地去购买进口品。

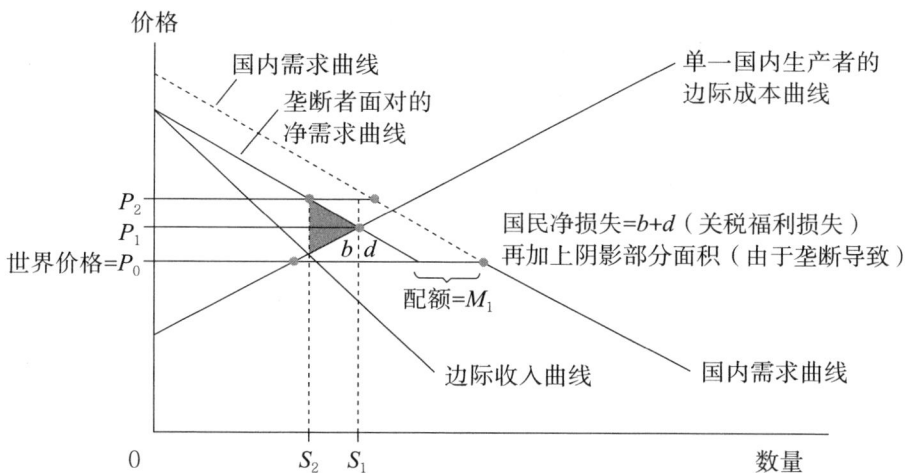

图 6-11　垄断条件下小国进口配额与等效应的关税

图6-11说明了设置配额时，小国垄断的情况。配额无法改变国内垄断者的垄断地位，它只会影响垄断者所面对的需求曲线，使它向左移动，但依然向下倾斜。这样，垄断者仍然可以按照垄断的定价方法索要高价。也就是说，设置配额的情况下，国内的垄断者依然是"价格制定者"。

此时，配额造成的福利损失大于关税的情况，除了$b+d$之外，还有图6-11中阴影部分所代表的，由于"产量过少"所造成的无谓损失。

（五）进口配额的分配方式

进口许可的分配方式主要有以下几种：（1）竞争性拍卖；（2）固定的受惠对象；（3）资源使用申请。

竞争性拍卖是指政府通过进口许可证拍卖而以公开或地下的竞争方式出售进口配额。拍卖所产生的进口许可证价格大约等于进口价格与特许进口品在国内的最高售价之差。公开拍卖收入实际上是一种名义的关税收入，尽管它是成本最小的配额分配方法，但在现实中却很少采用。

　　固定的受惠对象是指政府不通过竞争、申请或谈判而直接将固定份额的配额分配给某些公司。最为普遍采用的固定分配方法是按照实行配额制之前各公司拥有的进口份额分配配额。

　　资源使用申请是指政府让人们以拍卖竞价以外的方式为得到许可证而进行竞争。

二、自愿出口限制

　　自愿出口限制是指进口国政府迫使外国出口者"自愿地"同意限制其对本国的出口。自愿出口限制被有实力的大国用于保护其进口品竞争的产业。

　　图6-12为自愿出口限制的福利效应与直接的进口配额和自由贸易两种情况进行比较。图6-12的左半部分为小国情况，即对进口的限制不会对进口国以外的国际价格产生影响。图6-12的右半部分为大国情况，即对进口的限制的确影响了国际价格。

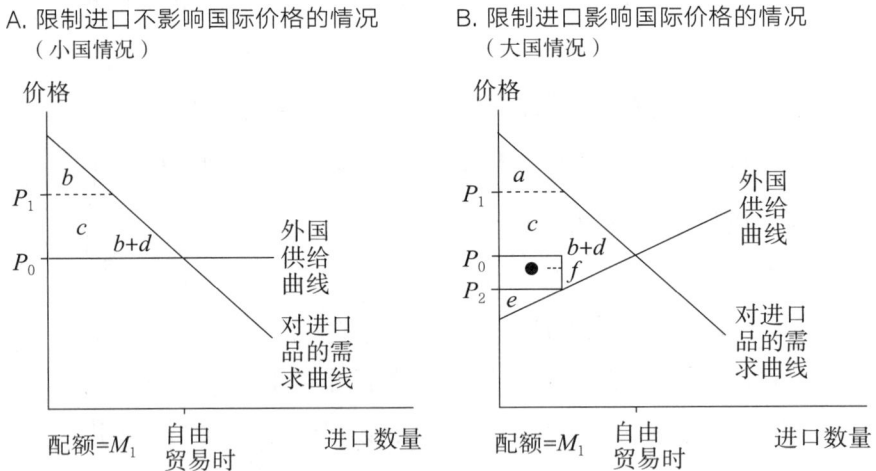

图 6-12　自愿限制出口的福利效应

　　如图6-12所示，自愿出口限制和进口配额将进口数量限制在配额 M_1 的数量以内。自由贸易在价格点 P_0 实现均衡。

首先比较自愿限制出口和进口配额。在进口国实行数量为M_1进口配额的情况下，小国情况中，进口国将以国际价格得到商品，进口国收益为面积c。大国情况中，进口配额可以把国际价格压低，进口国的收益为面积$c+e$。在自愿出口限制的情况下，M_1是由外国出口者以自愿出口限制形式实现的，外国出口者便不再进行相互竞争以扩大其在这一国家的市场份额。外国出口者对M_1收取对方可支付的最高价格P_1，进口国失去了由阴影部分代表的涨价收益。小国情况中，进口国失去的收益为面积c，同时外国出口者得到了这一部分收益。大国情况中，进口国失去的收益为面积$c+e$，这部分收益也被外国出口者得到。

接下来比较自愿限制出口和自由贸易。对于进口国来说，自愿出口限制比自由贸易成本高。进口国由于被阻止的进口损失了面积$b+d$以及涨价收益c，即进口国的总损失为$b+c+d$。对于外国出口者来说，如果进口国为小国，外国供给者的收益为面积c，如果进口国为大国，外国供给者的收益面积为$c-f$，其中f为外国供给者减少的出口使其贸易收益下降的部分，c为遵守自愿限制出口的公司在出口中得到的涨价收益。

图6-13为上述部分的小结。

进口国为小国			
	进口国	外国出口者	世界
贸易净收益	$c+(b+d)+h$	0	$c+(b+d)+h$
自由贸易	$c+h$	0	$c+h$
进口配额	h	c	$c+h$
自愿出口限制与自由贸易相比	$-c-(b+d)$	c	$-(b+d)$
自愿出口限制与配额相比	$-c$	c	0

进口国为大国			
	进口国	外国出口者	世界
贸易净收益	$c+(b+d)+h$	$e+f+g$	$c+(b+d)+e+f+g+h$
自由贸易	$c+e+h$	g	$c+e+g+h$
进口配额	h	$c+e+g$	$c+e+g+h$
自愿出口限制与自由贸易相比	$-c-(b+d)$	$c-f$	$-(b+d)-f$
自愿出口限制与配额相比	$-c-e$	$c+e$	0

图 6-13　自愿限制出口与自由贸易和进口配额的收益比较

自愿限制出口还有另一种重要的效应，对很多产品来说，外国出口者可调整其出口商品的品种组合，以便在保持不超过出口数量限制的前提下增加盈利。通常，高质量品种的利润额较高，因此出口者将转向这类品种的出口。

三、其他非关税贸易壁垒

实践当中的贸易壁垒种类繁多，但是归结为一个统一的特征就是它们都会"增加贸易成本"。

以进口贸易壁垒为例，第一种情况是增加进口贸易的货币成本，关税是最直接的办法。第二种情况是数量限制，如配额，此外还有数量限制与价格限制搭配使用，如关税配额。第三种情况是增加进口风险或者不确定性，比如烦琐的通关手续使得通关时间非常漫长，使得进口所要承担的市场风险加大；再如预付款要求，要求进口商提前将进口所需的外汇存在某个指定机构来使进口商承担利率与汇率风险，等等。

总之，随着世界贸易与谈判的进展，各国实施的贸易壁垒还会出现很多种新形式，但是无论什么样的形式，都可以归结一个措施：提高贸易成本。下面我们举三个例子来简要说明实践中存在的非关税贸易壁垒。

1. 产品标准

产品质量标准是指对进口产品的生产、检验和评定质量的技术依据，它不会给进口国政府带来关税收入，相反，通过边境检查实施这些标准还会消耗掉一些政府的资源。从世界整体利益出发，产品质量标准从真正保护人们的健康与安全的角度讲会带来收益，但同时也可能成为一种代价高昂的保护主义政策。

2. 国产化程度要求

国产化程度要求是指在本国组装或生产的产品必须含有特定数量的本国增值，其形式不包括对本国工人或由本国厂商生产的原材料和零配件的支付。国产化程度要求限制了本可以用于本国产品生产的外国原材料和零配件的进口。

3. 混合购买要求

混合购买要求是要求进口者在进口的同时，必须购买一定比例的本地产品。混合购买要求并未给政府带来任何关税收入。商品涨价的隐含收益由被保护产品的国内销售者得到。作为一个整体的世界遭受了无谓损失，因为涨价造成了产品需求下降或生产成本升高。

四、贸易保护成本占GDP的百分比

公式（6-2）计算了贸易保护成本占GDP的百分比。

$$\frac{关税导致的福利净损失}{GDP} = \frac{1}{2} \times 关税率 \times 进口数量变化百分比 \times \frac{进口值}{GDP} \quad (6-2)$$

在研究中，多种因素可导致保护主义成本占GDP的比重被低估。主要有以下五种因素：

（1）对外关系：如果一国树立新的进口壁垒，其他国家政府能够以通过一样的方式对其设立进口壁垒实行报复。

（2）实施成本：实施贸易壁垒的人员本可以做其他工作。

（3）寻租成本：寻求贸易保护的公司可能会进行寻租活动，这会浪费社会资源。

（4）创新：保护主义会压抑技术创新活动，因为此时的竞争压力会减小。此外，保护主义还会使国内市场上可提供的商品品种数量减少，这也构成了一种福利损失。

（5）新壁垒成本要比现有壁垒成本高很多。

在转向更高的贸易壁垒后，会产生加速的、非线性的成本。此时的净福利损失可由公式（6-3）计算：

$$净福利损失=\frac{1}{2}×（关税\%）×（进口的减少\%）\qquad（6-3）$$

由于进口减少的百分比等于关税率百分比乘以特定的进口需求弹性，公式（6-3）可以变形为公式（6-4）：

$$净福利损失=\frac{1}{2}×（关税\%）^{2}×（进口–需求弹性）\qquad（6-4）$$

■ **案例再现**

《贸易便利化协定》对中国意味着什么

以下案例为有关非关税贸易壁垒的信息，请根据所学挖掘信息背后的经济学含义。

2015年9月4日，中国向世界贸易组织递交了关于《贸易便利化协定》议定书的接受书，这标志着中国已经完成了接受该协定议定书的国内核准程序，成为世贸组织中第16个接受议定书的成员，为协定的尽早实施起到了重要推动作用。作为WTO成立近20年来达成的首个多边贸易协定，《贸易便利化协定》是多哈回合启动以来取得的最重要突破。

2014年6月30日我国就已经按照巴厘一揽子协定的承诺，通报了《贸易便利化协定》实施计划，提交中国A类措施，具体包括：确定和公布平均放行时间；实现通过单一窗口；加强海关合作；货物暂进口与入境及出口加工。根据承诺和实施计划，一旦协定生效以上措施均将立即执行，为协定的尽早实施起到了重要的推动作用。加入《贸易便利化协定》有助于我国以开放促改革，加速我国口岸现代化进程，提高多部门监管的水平，建立高效率的货物贸易体系。从国内改革的角度看，自由贸易区成为贸易便利化措施"先行先试"的重要试验田。上海自由贸易试验区率先实行了简化"一线"进出口通关手续，允许企业"先进区，再申报"，大大减少了企业的通关时间。从对外经济合作角度看，双边、区域的自贸区框架也成为我国贸易便利化推进合作的重要途径。最新的中韩FTA、中澳FTA协定都包含了独立的"贸易便利化"章节，承诺在货物实际到达前可预先以电子形式提交信息并进行处理；对快件采用单独和快速的海关程序；大力支持无纸化贸易环境；加强海关合作和监管透明性等。

总之，加入《贸易便利化协定》是我国积极推动贸易自由化进程，维护WTO多边贸易体制核心地位的重要举措，也是我国参与新时代全球贸易规则制定的重要阶段性成果，协定的尽早有效落实有助于世界经济和全球贸易的新一轮发展。《贸易便利化协定》的实施，贸易便利化改革的推进，符合我国促外贸、稳增长、保就业的宏观经济政策目标，以开放促改革，通过制度红利的释放，加速培育我国外贸竞争新优势。

■ 案例启示

这部分案例应用的知识点如下：

此案例涉及的知识点为非关税贸易壁垒。结合案例，中国加入《贸易便利化协定》减少了其他非关税贸易壁垒，有效地降低了贸易成本。首先，加入《贸易便利化协定》有助于加速口岸现代化进程，提高多部门监管水平，建立高效率的货物贸易体系，避免效率损失，消除了贸易壁垒。其次，根据《贸易便利化协定》，中国对内实行自由贸易区政策，推进了国内的贸易便利化，提升了转口功能和物流功能，吸引大量保税仓库和出口厂商，监管职能的集中更利于进出口贸易；对外实行双边、区域的自贸区框架，有助于货物流转更加顺畅，在一定程度上减少了贸易壁垒。随着贸易壁垒的减少，贸易保护成本降低，国民福利增加。

第七章

国际贸易运输

本章学习目标

1. 班轮运输的特点与作用及班轮运费的计算方法。

2. 班轮运输中的主要货运单证及流程图。

3. 航次租船合同及主要条款。

4. 定期租船合同及主要条款。

5. 提单的概念、性质和作用及提单的各种不同类别。

第一节　班轮运输

■ **知识点串讲**

一、班轮运输的特点与作用

班轮运输（Liner Transport）又称定期船运输，是指班轮公司让船舶按事先制定的船期表（Liner Schedule），在特定航线的各挂靠港口之间，为非特定的众多货主提供规则的、反复的货物运输服务（Transport Service），并按运价本（Tariff）的规定计收运费的一种营运方式。

（一）班轮运输的特点

（1）"四固定"。这是班轮运输的基本特点，即航线固定、港口固定、船期固定、费率相对固定。

（2）班轮运价内已包括装卸费用。承运人负责配载和装卸货物，装卸费用已包括在运费内一并收取，不存在滞期费和速遣费的计算问题。

（3）承运人对货物负责的期间是"船舷至船舷"（Rail to Rail）或"钩至钩"（Tackle to Tackle）。即承运人的责任是从货物装上船起到货物卸下船为止。

（4）承运人和托运人的权利义务和责任豁免以签发的提单条款为

依据。承托双方的权利义务主要以承运人签发的提单上的条款为依据，并接受统一的国际公约的制约。

（二）班轮运输的作用

（1）班轮运输特别有利于一般杂货和小额贸易货物的运输。只要班轮的舱位许可，班轮公司也愿意接受承运零星成交的散货。

（2）在一定程度上促进了国际贸易的发展。由于班轮运输成本事先可以确定，而且运输时间有保障，这样便于国际贸易双方洽谈装运期、交货期等贸易条件，有利于贸易的成交和开展。

（3）能够给托运人提供优质的运输服务。进行班轮运输的班轮公司一般都是长期在固定航线上运行，要想吸引货载就必须保证船期，提高自己的服务，因此，班轮公司派出的班轮航线上运行的船舶一般都是技术性能好，设备齐全，质量较好的船舶，相应地，托运人当然也就能享受到较好的运输服务。

（4）手续简便，大大方便了货主。班轮承运人一般都采取码头仓库交接货物的做法，并且在运输途中负责装卸和理舱，为货主提供了很大的方便。

二、班轮运费的计算

（一）班轮运费的构成

班轮运费是由基本费率（Basic Freight Rate）和各种附加费（Additionals or Surcharges）所构成。基本费率是班轮运费的计算基础，就是班轮航线内基本港之间对每种货物规定的必须收取的费率，包括各航线等级费率、从价费率、冷藏费率及议价费率等。附加费是除基本费率外，在某些特殊的情况或条件下，班轮公司为弥补自己成本的增加而额外加收的费用。

（二）班轮运费的计算公式和步骤

班轮运费的计算公式：$F=F_b+\sum S$

在公式中，F表示运费总额，F_b表示基本运费，S表示某一项附加费。基本运费是所运输货物的数量（重量或体积）与规定的基本费率的乘积，可表示为$F_b=f \cdot Q$，其中的f表示基本费率；Q表示货运量（运费吨）。

实际中的附加费有两种计算方法，如果附加费是以绝对数表示，则附加费总额为：$S=\sum (S_1+S_2+S_3+\cdots+Sn) Q$；如果附加费是按基本运费的一定百分比计算，则附加费总额为：

$$S=(S_1+S_2+S_3+\cdots+Sn) F_b=(S_1+S_2+S_3+\cdots+Sn) fQ$$

班轮运费的计算步骤为：第一，核实托运人提供的货物名称、译名、包装、重量、尺码、装卸港口、是否需要转船以及卸货港的选择等信息；第二，根据货物的名称，从货物分级表中查出该货物的运价等级和计费标准；第三，查找所需航线的等级费率表，根据货物的等级找出相应的基本费率；第四，查找有无附加费，如有附加费，找出计算方法和费率；第五，根据查到的相关信息，代入班轮运费计算公式计算。

（三）班轮运费计算实例

出口1 000箱斧头，每箱体积为$40 \times 30 \times 20 cm^3$，毛重30公斤，由上海运至科威特港，试计算该批货物的总运费。

解：（1）首先确认斧头的英文为"Hatchet"；

（2）从有关运价本的"货物分级表"中查找相应的货名，再从相应的运价表中查到该货运费计收标准为W/M，运价等级为8级；

（3）再从运费表中查出，上海至科威特该货的基本费率为每运费吨22.2美元，还有燃油附加费26%；

（4）计算：

商品重量=1 000 × 30公斤=30吨

商品体积=1 000 × （$40 \times 30 \times 20 cm^3$）=24立方米

计费标准为W/M，所以比较商品的重量和体积，选用大者，由于30>24，因此选用重量吨30为计费标准。

根据公式，运费=重量吨×基本费率×（1+附加费率）

运费=30×22.2×（1+26%）=839.16美元

所以该批货物的总运费为839.16美元。

三、班轮运输中的主要货运单证及流程图

在班轮运输中，从办理货物的托运手续开始，到货物装船、卸船直至货物交付的一系列环节中，都需要有各种单证，这些单证主要起货物交接时的证明作用，也是划分货方、港方、船方各自责任的必要依据。

（一）在装货港使用和编制的单证

1.托运单（Booking Note，B/N）

托运单是指由托运人根据买卖合同和信用证的有关内容向承运人或其代理人办理货物运输的书面凭证。托运单上通常包括：货名、件数、包装、标志、重量、尺码、装货港、目的港、装船期限等内容。船公司根据托运单的内容，如认为可以接受，就在托运单上签章，留存一份，退回托运人一份，表示已接受这一托运，承运人与托运人之间货物运输的合同关系即告成立。

2.装货联单

根据国际航运界的通常做法，船公司会要求托运人提交详细记载有关货物情况及对运输要求等内容的装货联单。一般船公司同意承运后会立刻发给托运人装货联单，要求托运人填写。

按照国际惯例，装货联单一般为一式三联，这三联分别有不同的作用。第一联是留底联（Counterfoil），作为船方凭以缮制装货清单（Loading List）和绘制积载图（Stowage Plan），缮制出口载货清单、

运费清单、结算运费等的依据。第二联是装货单（Shipping Order，S/O）的正本，它是托运人（实践中通常是货运代理人）填制好交船公司或船舶代理人审核并签章后，据以要求船长将货物装船承运的凭证，因而也称"下货纸"。另外，由于装货单也是托运人向海关办理货物出口申报手续的单据之一，有时也称为"关单"。第三联是收货单（Mate's Receipt），是承运人收妥货物并已装船的凭证，也是托运人凭以换取正本已装船提单的依据。

3. 收货单（Mate's Receipt，M/R）

收货单是指某一票货物装上船后，由船上大副（Chief Mate）签署给托运人的作为证明船方已收到该票货物并已装上船的凭证。因此，收货单也称为"大副收据"或"大副收单"。托运人取得了经大副签署的收货单后，即可向船公司或其代理人换取已装船提单。

4. 载货清单（Manifest，M/F）

又称"舱单"，是在货物装船完毕后，船公司或其代理根据大副收据或提单编制的一份按卸货港顺序逐票列明全船实际载运货物的汇总清单。内容主要包括船名及国籍、开航日期、装货港及卸货港，同时逐票列明货物的详细情况。

5. 货物积载图（Stowage Plan，S/P）

出口货物在装船前，船方按照货物的装船顺序，对货物在船上的装载位置作一个详细的计划，用图表的形式来表示货物计划在船舱内的装载情况，使每一票货物都能形象具体地显示出其将在船舱内的位置，这个图表就称为计划积载图（Cargo Plan）。在货物装船以后，根据货物在舱内的实际装载位置最后绘制成的实际积载图就称为"货物积载图"（Stowage Plan），实践中也有人对这两者不加区别，统称为"船图"。

6. 提单（Bill of Lading，B/L）

提单是船公司凭收货单签发给托运人的正式单据，是承运人收到货物并已装船的凭证，也是运输合同的证明和物权凭证，还是目的港承运人凭以交付货物的证据。提单是货物运输环节中最关键和最重要的单据。

（二）在卸货港使用和编制的单证

1. 过驳清单（Boat note）

过驳清单是指采用驳船作业时，作为证明货物交接和表明所交货物实际情况的单证。主要内容包括：驳船名、货名、标志、号码、包装、件数、舱口号和卸货日期等，一般要由收货人、卸货公司、驳船经营人等收取货物的一方和船方共同签字确认。

2. 货物溢短单（Overlanded & Shortlanded Cargo List）

货物溢短单是指一票货物所卸下的数字与载货清单上所记载的数字不符，发生溢卸或短卸的证明单据。货物溢短单由理货员编制，并且必须经船方和有关方（收货人，仓库）共同签字确认。

3. 货物残损单（Broken & Damaged Cargo List）

货物残损单是指卸货完毕后，理货员根据理货过程中发现的货物破损、水渍、渗漏、霉烂、生锈、弯曲变形等情况记录编制的，证明货物有残损情况的单据，货物残损单必须经由船方确认。

4. 提货单（Delivery Order，D/O）

提货单也称小提单，是收货人凭以向现场（码头仓库或船边）提取货物的凭证，提货单的内容基本与提单所列项目相同。值得注意的是，虽然提货单与提单在内容上基本相同，但两者的性质截然不同，提货单实际上是船公司指令码头仓库或装卸公司向收货人交付货物的凭证，不具备流通的作用，因此，在提货单上一般都有"禁止流通"（Not Negotiable）字样。

（三）货运单证流程图

由于班轮运输涉及班轮公司、托运人、收货人、理货公司、装卸公司和船公司代理人等各方，环节较多，此处只涉及与货主有关的运输流程中的相关货运单证的流转情况（见图7-1）。

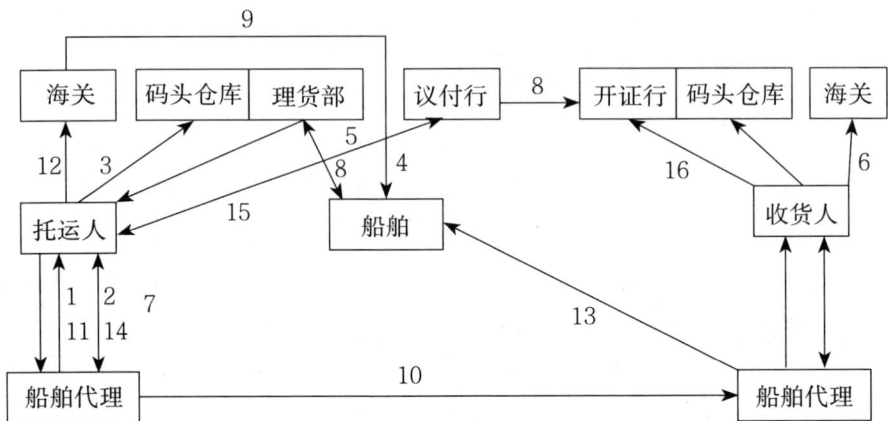

图 7-1　班轮货运单证流程

（1）托运人向船公司在装货港的代理人（也可直接向船公司或其营业所）提出货物托运申请，递交托运单（Booking Note），填写装货联单（Shipping Order）。

（2）船公司同意承运后，其代理人指定船名，核对S/O，将底联留下后退还给托运人，要求托运人将货物及时送至指定的码头仓库。

（3）托运人持S/O及有关单证向海关办理出口货物保管、验货放行手续，海关在S/O上加盖放行图章后，货物准予装船出口。

（4）托运人将经过检验及检量的货物送至指定的码头仓库准备装船。

（5）货物装船后，理货长将S/O交大副，大副核实无误后留下S/O并签发收货单（M/R）。

（6）理货长将大副签发的M/R转交给托运人。

（7）托运人持M/R到船公司在装货港的代理人处付清运费（预付运费情况下）换取正本已装船提单（B/L）；船公司在装货港的代理人审核无误后，留下M/R签发B/L给托运人。

（8）托运人持B/L及有关单证到议付行结汇（在信用证支付方式下），取得货款，议付银行将B/L及有关单证邮寄开证银行。

（9）海关办理船舶出口手续，并将M/F交船随带，船舶启航。

（10）船公司在装货港的代理人根据B/L副本（或M/R）编制出口载货运费清单（F/M），连同B/L副本、M/R送交船公司结算代收运费，并将卸货港需要的单证寄给船公司在卸货港的代理人。

（11）船公司在卸货港的代理人接到船舶抵港电报后，通知收货人船舶到港日期，做好提货准备。

（12）收货人到开证银行付清货款取回B/L（在信用证支付方式下）。

（13）船舶抵港后，船公司在卸货港的代理人随即办理船舶进口手续，船舶靠泊后即开始卸货。

（14）收货人持正本B/L向船公司在卸货港的代理人处办理提货手续，付清应付的费用后，换取代理人签发的提货单（D/O）。

（15）收货人办理货物进口手续，交付进口关税。

（16）收货人持D/O到码头仓库或船边提取货物。

■ 案例再现

机械设备遭水浸索赔案

某出口公司与海外客户以CIF条件成交一套机械设备。出口公司与承担运输任务的航运公司签订海上集装箱运输合同，合同约定由出口公司将货物交航运公司装箱运输，并在运输合同中注明货物为成套机械，严禁水浸。出口公司交货后，与航运公司共同装箱并加铅封。货物运至目的地后，收货人告知该出口公司货物被水浸，全部报废。由于买卖双方签订的是CIF合同，收货人要求出口公司协助其向航运公司索赔。出口公司经初步调查，发现运送该公司货物的海轮在途中进水，加之集装箱下部有洞，致使货物被浸。但航运公司认为出口公司参与了封箱，并未提出异议，故其不应为此事负责，拒不赔偿。

■ 案例解析

根据案例中的描述，货物受损是由于海轮在途中进水，并且集装箱下部有洞所导致的。根据我国《海商法》第四十七条，"承运人在船舶开航前和开航时，应当谨慎处理，使船舶处于适航状态，妥善配备船员、装备船舶和配备供应品，并使货舱、冷藏舱、冷气舱和其他载货处所适于并能安全接受、载运和保管货物。"因此，即使出口公司与承担运输任务的班轮公司共同装箱并加铅封，也并不影响作为承运人的班轮公司承担其保证船舶及载货处所适于安全接受、载运和保管货物的责任。班轮公司应保证船舶能够安全航行，而不是船舱中途进水，使用的集装箱应完好适于装载货物，而不是底部有洞，因此，承运人应就货损承担相应的赔偿责任。

■ 案例启示

对于班轮运输而言，关键的问题就是承运人的责任该如何界定。我国《海商法》借鉴了《海牙规则》中对于承运人责任的界定，规定承运人应该承担最起码的适航责任和管货责任。此案例中涉及的就是承运人应该承担的"适航"责任。

第二节　租船运输

■ **知识点串讲**

一、租船运输的定义与特点

（一）租船运输的定义

租船运输（Carriage of Goods by Chartering）与班轮运输的运营方式不同，它既没有固定的船舶班期，也没有固定的航线和挂靠港口，它是按照货源的要求和货主对货物运输的要求，安排船舶航行计划，组织货物的运输，因此租船运输又称为不定期船运输（Tramp Shipping）。具体而言，租船运输是一种商业行为，是指船舶所有人根据与租船人协商的条件，将船舶的全部或一部分出租给租船人使用，以完成特定的运输任务，租船人按约定的运价或租金支付运费的商业行为。

当前国际上租船方式主要有航次租船（Voyage Charter，Trip Charter）、定期租船（Time Charter，Period Charter）和光船租船（Bare-boat Charter）这三种。

（二）租船运输的特点

第一，与班轮运输相比，租船运输更适合散货的运输，租船运输适合大宗散货的运输，如粮食、煤炭、矿砂等，这些货物批量大、附加值低，采用租船运输比班轮运输要节省成本；第二，运输安排的灵活性较强，租船运输没有像班轮运输那样的固定的船期表和航线，它是根据船舶所有人与承租人双方签订的租船合同来组织运输；第三，风险责任划分与租金水平由租船合同约定，班轮运输中船舶的一切正常营运支出均由船方负担，而租船运输中船舶营运中的风险以及有关费用的责任负担由租船合同来约定，另外，租金水平也不是固定的，要随航运市场的变化而作调整和变化。

租船合同又称租船租约（Charter Party，C/P），是海洋运输合同的一种。它是船东和租船人这两方当事人按照自愿的原则达成的协议。合同中规定船东提供船舶给租船人使用，租船人必须支付一定的运费或租金给船东，除此之外，合同中还会对当事人双方的有关权利、义务、责任和豁免等条款加以约定。在航次租船中，双方签订航次租船合同，在定期租船中，双方签订定期租船合同。

二、航次租船合同及主要条款

（一）航次租船的概念

航次租船又称"定程租船"或"程租船"（Voyage or Trip Charter），是指以航次为基础的租船方式。在这种方式下，船方按时把船舶驶到装货港口装货，再驶到卸货港口卸货，完成整个航程的运输任务并且在运输途中负责船舶的经营管理和航行中的一切开支费用。

航次租船是租船市场上最为普遍的一种方式，在国际市场上成交的绝大多数干散货和液体散货都是通过航次租船方式运输的。

在洽谈租船业务的过程中，为了便于双方对有关条款的协商，国际租船市场上的一些大航运集团或相关机构结合货物的种类和行业间的习惯做法，制定了一些租船合同的范本，目前国际租船市场上被广泛采用的标准航次租船合同主要是"统一件杂货程租船合同"（Uniform

General Charter Party），简称"金康"（Gencon），是波罗的海国际航运协会的前身"波罗的海白海航运协会"于1922年制定，经英国航运公会采用，后来又几经修订，最近的一次修订是在1994年。

（二）航次租船合同的主要条款

1. 合同当事人

航次租船合同的当事人就是船舶所有人和租船人，在合同的开头部分就应将双方当事人的名称和地址明确载明。

2. 船舶说明条款

主要包括船舶具体情况的描述，如船名、船籍、船级、船舶吨位、船舶动态等。

3. 受载期和解约日

受载日（Laydays Date）是租船人可以接受船舶的最早装货日期。解约日（Cancelling Date）是租船人可以接受船舶的最晚装货日期。受载期（Laydays）就是合同规定的要求船舶到达约定装货港，做好装货准备的期限，也就是从受载日到解约日的期间，一般是7天到20天不等。

4. 装卸条款

主要包括装卸港口、装卸费用方面的规定。装卸港口（Loading/Discharging Ports）通常由租船人指定或选择，合同中可以明确指定具体的装货港和卸货港，也可以规定两个或两个以上的装货港或某个区域，让租船人在规定的时间内进行选择。

装卸费用与责任的划分，合同中可以有不同的约定方法：

（1）班轮条款（Liner Terms），有时也称为"Gross Terms"，在这个条件下，租船人把货物交到船边船舶的吊钩下，船方负责将货物装进舱内并整理好；卸货时，船方负责将货物从舱内卸到船边，再由租船人或收货人提货。因此，以船边为界划分责任和费用，船舶所有人负责货物的装卸工作。

（2）舱内收交货条款（Free In and Out，FIO），也称为"船方不负责装卸和费用条款"，船舶出租人不负担装卸和费用。具体而言，在这个条件中需要进一步明确理舱费和平舱费由谁来承担，如约定为FIOST（Free In and Out，Stowed and Trimed）就表示船舶所有人不但不承担有关装卸的所有费用，而且理舱费和平舱费也全部由租船人承担；如订为FIOS（Free In and Out，Stowed）就表示理舱费由租船人承担，平舱费由船舶所有人承担；如订为FIOT（Free In and Out，Trimed）就表示平舱费由租船人承担，理舱费由船舶所有人承担。

（3）舱内交货条款（Free Out，FO），又称船方管装不管卸条款（Liner In，Free Out），船舶所有人负责装货和费用，不负责卸货和费用。

（4）舱内收货条款（Free In，FI），又称船方管卸不管装条款（Liner Out，Free In），船舶所有人负责卸货和费用，不负责装货和费用。

5. 滞期与速遣条款

由于船期损失由船方自行承担，因此船方通常会规定一定的装卸时间，并据此计算滞期费和速遣费。

（1）装卸时间的计算。船方为控制装卸时间，保证船期，一般都在合同中规定多少时间内货方要完成装卸作业，一般用装卸天数或装卸率表示。用装卸率表示一般就是规定装卸的速度，如"每天装或卸10 000吨"（10 000 tons per day for loading or discharging），当装卸时间以"日"（day）计算时，为了避免日后由于对"日"的理解不同而发生纠纷，通常应提前约定，常见的有以下几种规定方法：

① 连续日（Running or Consecutive Days），指时钟连续走过24小时的自然日为一天；

② 工作日（Working Days），指按港口习惯工作时间计算，扣除非

工作日；

③ 累计8小时工作日（Working Days of 8 Hours），指不管港口习惯工作时间如何，累计进行装卸作业8小时为1个工作日；

④ 累计24小时工作日（Working Days of 24 Hours），指累计进行装卸作业24小时为1个工作日；

⑤ 晴天工作日（Weather Working Days），指除去非工作日后，天气不好无法进行装卸作业的时间也不计入装卸时间；

⑥ 连续24小时晴天工作日（Weather Working Days of 24 Consecutive Hours），指昼夜连续作业24小时算作1日，因天气原因无法作业的时间不计入装卸时间。

另外，租船合同中一般都规定装卸时间的起算要从船舶出租人或其代理向租船人递交"装卸准备就绪通知书"（Notice of Readiness, N/R）以后，经过一定的时间之后才开始计算，而且在装卸过程中会使用"装卸时间计算表"（Laytime Statement）来具体记录和反映实际使用的装卸时间，由船长和租船代理共同签字确认，来作为计算装卸时间的凭证。

（2）滞期和速遣。滞期是指在租船合同规定的装卸期限内，如果租船人没能完成装卸作业，则从许可装卸时间截止后到实际装卸完毕时的这段时间称为滞期。由于滞期耽误了船期，为补偿船方由此造成的损失，由租船人向船方支付一定的罚金称为滞期费（Demurrage Money）。

当租船人所用的实际装卸时间少于合同规定的许可装卸时间时，节省的时间即为"速遣时间"（Dispatch Time），船方为奖励而付给租船人一定金额作为报酬，称为速遣费（Dispatch Money），按照航运惯例，速遣费通常是滞期费的一半。

6. 货物

航次租船合同中对于承运货物的规定，可以是列名商品，就是具体规定承运货物的名称、货类、性质、包装等，如租船人所提供货物与合同不符，船东有权拒绝装货；也可以在合同中规定承运几种货物，称为选择商品，就是指规定几种商品，到时选择其中一种或几种承运，但这种运价较高。

在合同中对于货物的数量，一般都规定"伸缩条款"或"最多最少条款"，由船方根据情况在限度内接受货载，通常船长会在装货之前以"宣载通知书"的形式通知租船人具体的装货数量。如租船人提供货物的数量达不到宣载量，要向船东支付亏舱费（Dead Freight），以弥补船东运费收入减少的损失。

7. 运费（Freight）

对运费的规定主要有运费率和包干运费两种形式。当航次租船运费按装运货物的数量计收时，合同中一般都会规定运费率（Rate of Freight），运费就等于运费率与货物吨数的乘积。货物的运费吨也需要具体加以约定，如"金康"合同中就规定"按货物的卸货量（On the Delivery Quantity of Cargo）计算运费"。采用包干运输时，按包干运费（Lump-Sum Freight）支付，就是按提供的船舶，订一笔整船运费，不论实际装货多少都照付。

三、定期租船合同及主要条款

（一）定期租船合同的定义及范本

定期租船合同是以租船期限为基础，详细记载租船双方当事人的权利和义务各项条件的运输契约。

常见的定期租船合同范本包括：

1. 标准期租船合同（Uniform Time Charter Party）

简称为"BALTIME"，是由波罗的海航运协会于1909年制定，并由英国航运公会承认，后来该合同又经过几次修订，该合同的条款侧重于保护船舶所有人的利益。

2. 纽约土产交易所的定期租船合同（New York Produce Exchange Time Charter Party）

简称"NYPE"，又称为"土产格式"（NYPE Form），是由纽约土产交易所制定，并由美国政府批准使用的定期租船合同的标准格式。国际航运界一般认为这种格式比起BALTIME来更加公平一些，有利于维护承租人的利益。

3. 中国租船公司定期租船合同（China National Chartering Corporation Time Charter Party）

这是中国租船公司根据多年租船工作的经验和实际需要，结合国际惯例，于1980年制定的。简称为"SINO-TIME, 1980"，当前中国租船公司对外定期租船均以此格式为依据。

（二）定期租船合同的主要条款

1. 租船合同当事人

在定期租船合同的开头，要把合同当事人船东和租船人两方的名称和地址清楚地列明。

2. 船舶规范的描述

对租船人来说，船舶是否性能良好，符合货运的需要是至关重要的，因此，要求船舶所有人对船舶进行准确的描述。在实践中，有时使用专门的"船舶规范、技术表"作为合同的附件。

3. 航行范围和所装货物

合同中一般会规定航行区域，即地理上的界限，也有规定为"世界范围"的，但往往有条件限制，比如不得驶往战争地区、冰冻港口和不安全港口等。

对于所装货物，定期租船合同往往不规定具体货名，租船人有权装运"法律许可的任何货物"，也就是除装卸港和沿途停靠港法律所禁止的货物外都可装运。

4. 租期条款（Charter Period Clause）

租期就是租赁期限，即租船人使用船舶的时间，或者说是从交船时开始到还船时结束。常见的约定方法有租期大约××个月，例如，about nine months；租期为××个月，并规定伸缩期及其选择权，例如，about 1 year and 20 days more or less at charterer's option；给出租期的最长和最短期限，例如，not more than 18 months, not less than 12 month。

5. 交船与还船条款

船舶所有人在合同约定的时间和地点，将合同中指定的船舶交给租船人使用的行为称为"交船"。交船通常会规定一定的期限，如果出租人未按照合同约定的日期到达交船港交付船舶，租船人有权解除合同。而且，交船时船舶应该具备一定的条件：船舶适航，装货条件已准备就绪，货舱清扫干净适于装货等。

还船是指租船人在合同约定的租期届满时，将船舶还给船舶所有人的行为。还船条款一般会规定还船日期和还船地点，另外还船也应该满足一定的条件：如船舶状况与交船时应具有相似的良好状况，抵达合同规定的还船港口或地点等。

6. 租金支付（Payment of Hire）

租船人为使用船舶需要支付租金，定期租船合同中一般是规定整船每天若干金额。通常租金预付半月或一月，租船人按时支付租金是一项绝对任务，在出现上次租金到期而应付租金还未付到的情况，或租船人所付金额少于应付金额时，船东有权撤船。也就是说，如果租船人在租期内未能按合同的规定，按期准时支付租金，船舶所有人就可以在不给租船人任何警告的情况下，把船舶从租船人那里撤回。习惯上称其为船舶所有人的"撤船选择权"。

7. 停租（Off Hire）

停租是指在租期内，由于合同中约定的原因使租船人不能有效地使用船舶，因此在这段停止使用期间，租船人可以停付租金。例如，NYPE93中规定的停租事项主要有：船舶供应不足，船员不足或船员过失或罢工，火灾，船体、主机及设备的故障或损坏，搁浅等。

除了上述条款，定期租船合同中还会有转租、留置权、共同海损、罢工、战争、冰冻等条款，规定在相关状况出现时双方的权利义务或相应的处理方法。

■ **案例再现**

航次租船合同滞期费纠纷案

某年9月15日，新和公司与北海外代签订一份航次租船合同（Fixture Note）。合同约定：北海外代租用新和公司的"新和"轮（m/v Reunion），从北海港运载9 500吨（10%范围由船东选择）袋装水泥运往马尼拉港；运费率为毛重每公吨14.30美元，4.25%的佣金从运费中扣除，付给经纪人广西海洋运输公司；全部运费在装货完毕后三个工作日银行支付；船东不负担装卸、积载和平舱费用；装卸效率为1 200/1 000公吨每晴天工作日，星期日及法定节假日除外。所有用于等待泊位的损失时间算作装卸时间。除非船舶已经滞期，否则由于台风或其他自然灾害阻止装卸的进行所损失的时间不计算装卸时间；滞期/速遣费率每天3 000/1 500美元；其他未提到条款按1922年及1976年修订的金康合同范本。该范本第六条规定："装卸时间（a）装货时间和卸货时间分别计算……星期天、节假日除外，如果使用，则实际使用时间计为装货时间……（c）装卸时间的起算：如果备妥通知书在中午前递交，装卸时间则从下午1时起算；如果备妥通知书在中午后办公时间内递交，装卸时间则从下个工作日上午6时起算。"第八条规定："船舶所有人对货物有留置权，以便收清运费、亏舱费、滞期费和滞期损失。租船人对发生于装货港的亏舱费及滞期费（包括滞期损失）负有责任。租船人对发生在卸货港的运费及滞期费（包括滞期损失）也负有责任，但仅限于船舶所有人无法对货物行使留置权以取得支付的情况。"

9月20日23:00时，"新和"轮抵达北海港。21日08:00时向北海外代递交准备就绪通知书。22日21:50时联检完毕。23日星期天。23日18:30时开始装货，当天实际使用时间为5小时30分。10月7日21:00时装货完毕，实装水泥9 547.5公吨。按约定，新和公司应于10月11日收取全部运费130 726.76美元（扣除4.25%佣金5 802.49美元）。但新和公司仅于10月24日收到10 000美元。根据合同约定的装货率计算，装港可用时间为7天22小时57分，实际使用装货时间为7天21小时，速遣1小时57分。

10月12日06:00时，"新和"轮抵达马尼拉港。同日08:00时，递交准备就绪通知书。除去约定的卸货时间，10月24日02:08时开始滞期。11月3日，新和公司代理人收到收货人正本提单及申请卸货准许证，但没有签发。11月5日、6日，新和公司以未收齐运费和滞期费为由分别通知收货人和北海外代不予卸货。次年1月2日13:00时重新开始卸货。2月10日14:15时货物卸完，交给收货人。

3月26日，新和公司对北海外代提起诉讼，并以北海外代不具法人资格、不能独立承担民事责任为由，将其行政主管单位北海港务局和业务指导单位中国外代列为共同被告，请求法院判令三被告共同支付运费、滞期费、利息、律师费用等共计488 848.01美元。

■ 案例解析

本案中的纠纷主要是针对卸货港的滞期费支付问题，虽也有运费未付，但运费事实清楚，不容易产生纠纷。本案中北海外代作为租船人，理应按租船合同要求如期支付运费，但对卸货港产生的巨额滞期费，北海外代是否应该支付，应该按照租船合同的规定来具体分析。租船合同中并未对卸货港的滞期费有具体约定，因此应以金康合同范本的规定为准。按照金康合同中的规定，"租船人对发生在卸货港的运费及滞期费（包括滞期损失）也负有责任，但仅限于船舶所有人无法对货物行使留置权以取得支付的情况"，而分析本案具体情况，新和公司在11月5日和6日通知收货人和北海外代不予卸货就说明新和公司可以行使对货物的留置权，并且实际行使留置权到了次年的1月2日之前，则既然新和公司具有留置权，完全可以通过控制货物获得支付或者取得收货人的担保之后再放行货物，在这样的情况下，租船人也就不必负责发生的卸货港的滞期费了。因此，法院最终判决北海外代不需承担卸货港的滞期费。

■ **案例启示**

关于租船人对卸货港的滞期费是否有支付义务，实践中，当事人一般通过买卖合同规定由收货人承担在约定时间卸货的义务，以及承担相应滞期费的责任，并通过租船合同的相应条款免除承租人承担卸货港滞期费的义务，将该义务转移给收货人的同时，赋予出租人行使留置权以收取卸货港滞期费的权利。这种做法在实践中也得到了各国法律的普遍认可。

第三节 国际贸易运输中重要单据——提单和海运单

■ 知识点串讲

一、提单

在国际贸易中，海上运输是使用最广泛的运输方式，不论采用班轮运输还是租船运输，提单都是最重要的单证之一。但在这两种方式下，提单的性质稍有不同。在国际班轮运输中，由于船货双方并没有签订标有"国际班轮运输合同"字样或类似字样的法律文件，因此，提单作为班轮运输中的重要单证，反映和证明了班轮运输合同的内容，是约束双方行为的重要文件。而在租船运输方式中，由于当事人双方签订了正式的租船合同，因此，虽然也签发了提单，但提单要受到租船合同的约束，提单的作用也就和班轮运输中的不一样了。

（一）提单的概念

提单（Bill of Lading）是承运人或其代理人应托运人要求，在收到货物归其掌管后，签发给托运人的一种单据。我国的《海商法》借鉴了《汉堡规则》中的规定，将其定义为：提单是指一种用以证明海上货物运输合同和货物已由承运人接管或装船，以及承运人据以保证交付货物的单证。

（二）提单的性质和作用

1. 提单是承运人出具的接受货物的收据（Receipt for Goods）

提单是承运人签发给托运人的单据，证明已收到或接管提单项下所列货物。已装船提单是承运人出具的，证明货物已收到并装上船付运的收据。

2. 提单是海上货物运输合同的证明（Evidence of a Contract）

海上货物运输合同是指承运人收取运费，负责将托运人托运的货物经海路由一港口运至另一港口的合同。海运的营运方式分为租船运输和班轮运输。在租船运输项下，租船合同就是海上货物运输合同，而在班轮运输条件下，绝大多数情况下当事人双方并没有签订所谓的"班轮运输合同"，现在大多数人都认为提单是班轮运输合同的一个重要组成部分，或者说提单是运输合同存在的一种证明，但提单并不是班轮运输合同本身。因为，首先，从提单签发的时间来看，提单的签发是在承运人接收货物或将货物装船之后，而在此之前，托运人发出托运要求订舱，承运人接受，双方意思表示一致，班轮运输合同已经成立，这之后签发的提单也就只能理解为合同存在的证明，不能理解为合同本身；其次，从提单的内容来看，提单是由承运人或其代理人签发的包含有印就条款的商业票据，上面的条款都是事先备好，提单的签署也是承运人单方面的行为，托运人既没有参与提单条款的草拟，也没有签字，因此说，提单内容并不是双方合意的结果，提单仅仅是合同的证明，当提单与运输合同或承、托双方的补充协议有冲突时，应以运输合同或补充协议为准。

3. 提单是物权凭证（Document of Title）

提单是收货人提取货物的凭证，也是承运人据以交付货物的凭证。即使是真正的收货人，如果不能递交正本提单，承运人也可以拒绝对其放行货物。也就是说，提单是货物所有权的凭证，谁持有提单，谁就可以提货，船公司交付货物时是"认单不认人"。

（三）提单的种类

1. 按照货物是否已经装船划分为已装船提单和备运提单

已装船提单（On Board or Shipped B/L），是指货物全部装上船后，船长或承运人或其代理人凭大副收据签发的提单。已装船提单上除其他项目外，提单上一般有"货物已装××船"字样并注明装运船舶和装运日期。如："货已装船，其表面状况完好"（shipped on board in apparent good order and condition）。根据行业惯例，除非信用证中另有规定，银行将接受注明货物已装船或已装指定船舶的提单。

备运提单（Received for Shipment B/L）又称收妥待运提单，是承运人虽已收到货物但尚未装船，应托运人的要求而向其签发的提单。这种提单上没有明确的装船日期，也没有注明装运船舶的船名，因此，在跟单信用证支付方式下，银行一般都不接受这种提单。在货物装船后，托运人可凭备运提单换取已装船提单，或者由承运人在备运提单上加注船名和装船时间并签字盖章使其成为已装船提单。

2. 按照提单的抬头不同划分为记名提单、不记名提单和指示提单

记名提单（Named B/L）指在提单收货人（Consignee）一栏内具体填上特定的收货人名称的提单，因此又称为收货人抬头提单。根据这种提单，承运人在卸货港只能将货物交给提单上所指定的收货人。记名提单一般不能转让，因此一般只有在运送贵重物品或展览品时使用。

不记名提单（Bearer B/L）指提单收货人一栏内没有指明任何收货人，而只注明提单持有人字样，在这种情况下，承运人应将货物交给提单持有人。谁持有提单，谁就可以提货。这种提单不需任何背书手续即可转让，流通性极强，但同时风险也很大。

指示提单（Order B/L）指在提单收货人一栏内只填写"凭指示"（To Order）或"凭××指示"（To Order of ××）字样的提单。指示提单可以作不记名指示，不标明指示人，也可以作记名指示，标明指示

人，指示人可以是托运人、收货人或银行。这种提单可以通过背书进行转让，在国际贸易中使用最为广泛。

3. 按照提单对货物外表状况的批注划分为清洁提单和不清洁提单

清洁提单（Clean B/L）指在装船时货物的外表状况良好，承运人在签发提单时未在提单上加注任何有关货物残损、包装不良的批注的提单。银行结汇、提单转让一般都要求是清洁提单。

不清洁提单（Unclean or Foul B/L）指承运人在提单上记有货物及包装状况不良或存在缺陷等批注的提单，比如水湿、油渍、污损等。承运人通过批注，声明货物是在外表状况不良的情况下装船的，在目的地交付货物时，若发现货物损坏是属于这些批注的范围，就可以减轻或免除自己的赔偿责任。不清洁提单是不可以结汇的，实际业务中，托运人有时会向承运人出具保函以将不清洁提单换为清洁提单，方便银行结汇，但这种做法有很多问题，应慎重考虑。

4. 按提单的格式不同划分为全式提单和简式提单

全式提单（Long Form B/L）是指正式印就格式的提单。这种提单既有正面记载的事项，背面又详细列有承运人和托运人权利、义务的相关条款。

简式提单（Short Form B/L）是指提单上只有正面必要的记载项目而没有背面条款的提单。简式提单多用于租船合同项下所签发的提单，一般都注有"所有条款均按照×年×月签订的租船合同"（All terms and conditions as per charter party dated …）这样的语句。

5. 按商业习惯划分

（1）倒签提单（Anti-dated B/L）

指货物装船完毕后，承运人签发提单时将装船日期签为早于实际装船日期的提单。正常情况下，已装船提单的签单日期应该是该提单项下货物全部装船完毕的实际时间，而在业务操作过程中，有时货物未能在合同或信用证规定的装船期内装运，若按实际装船日期签发提单，托运人将无法结汇，为了使签发提单的日期与相关规定相符，承运人应托运人的要求，在提单上按符合信用证规定的装运日期填写签发日期，为了使承运人同意倒签提单，托运人一般会向承运人出具"保函"，保证承担相应的风险和责任。

（2）顺签提单（Post-date B/L）

指货物装船完毕后，承运人应托运人的要求，签发提单时以晚于该票货物实际装船完毕的日期作为提单签发日期的提单。发生这种情况主要是由于实际装船日期比合同或信用证中规定的装船期提前时，为了符合合同或信用证中关于装船期的规定，托运人会要求承运人顺填签发日期，因而出现了这种提单。

（3）预借提单（Advanced B/L）

指货物在装船前或装船完毕前，托运人为及时结汇向承运人预先借用的提单。在实际情况中，由于信用证规定的结汇日期已到，而货主此时还未能将货物备妥装船或装船还未结束，托运人为了在规定的日期内结汇，要求承运人先行签发已装船提单，这种提单实际上就是预借提单。托运人要求承运人预借提单时一般也会向承运人提供"保函"，保证承担由此带来的一切责任。但对承运人来说仍然有很大的风险。收货人可以对承运人的诈骗行为起诉，而"保函"也往往不具有法律效力。

（4）过期提单（Stale B/L）

过期提单包括两种情况。一种过期提单是指提单晚于货物到达目的港，由于航线较短或银行单据流转速度太慢，货物已到而单据尚未到达；另一种过期提单是指出口商在装船后过了规定的时间才交到银行议付的提单。根据国际商会500号出版物规定："如信用证无特殊规定，银行将拒受在运输单据签发日期后超过21天才提交的单据，在任何情况下，交单不得晚于信用证到期日。"因此，超过提单签发日21天或超过信用证到期日才交单议付的提单就是过期提单。

二、海运单

随着科技进步，在国际货物海上运输中高速船舶的出现及集装箱的广泛应用，使得货物海上运输的时间大为缩短，而由于提单的流转过程较慢，有时会出现船舶已到港，但却由于收货人未收到提单而无法提货，导致货物堆放码头，造成相应的延误和费用的增加，为解决类似问题，海运单就应运而生了。

（一）海运单的定义及作用

海运单（Sea Waybill，SWB），又称海上运送单或海上货运单，它是承运人向托运人或其代理人表明货物已被接管或装船的单据，是证明海上运输合同的单据，以及承运人保证据以将货物交给指定收货人的一种不可转让的单据。

海运单具有三个基本作用：是承运人收到货物由其照管的收据，是海上运输合同的证明，是解决经济纠纷时作为货物担保的基础。海运单的前两个作用与提单是相同的，另外，海运单还有货物担保的作用，这是指当承运人违约，比如错交货物时，托运人可凭海运单对抗承运人，要求赔偿损失。

（二）海运单与提单的区别和联系

（1）提单是货物收据、运输合同、也是物权凭证，而海运单只具有货物收据和运输合同这两种性质，它不是物权凭证。

（2）提单可以是指示抬头形式，进行背书而流通转让，或不具体标明确切的收货人，而海运单上记载了确定的收货人，不能转让流通。

（3）提单的合法持有人和承运人凭提单提货和交货，海运单上的收货人并不出示海运单，仅凭提货通知或其身份证明即可提货，承运人凭收货人出示适当身份证明交付货物。

（4）提单有全式和简式提单之分，而海运单是简式单证，背面一般不详细列出货运条款，但会载有一条可援用海运提单背面内容的条款。

（5）海运单和记名提单，虽然都记载了具体的收货人名称，不能背书转让，但它们有着本质的不同，记名提单属于提单的一种，是物权凭证，持记名提单，收货人可以提货，但却不能凭海运单提货。

（三）使用海运单的优越性

1.降低风险

由于海运单不具有转让流通性，因此是一种安全凭证，可避免单据遗失和伪造提单所产生的后果，从而减少欺诈的可能性，即使单据丢失，收货人仍旧能提取货物。

2.方便提货

提货便捷、及时而节省费用，收货人提货无须出示海运单，这既解决了近洋海运货物到达而提单未到的常见问题，又避免了延期提货所产生的滞期费、仓储费等。

3.简便交货程序

由于交货时不要求呈递海运单，因此承运人只要将货物交给海运单上所列明的收货人或其授权的代理人，就完成了交货任务。

另外，由于托运人不必向收货人交海运单，因此其他运输单据例如保险单和商业发票等，就可以在装完货后立即发送给有关当事人，而在使用提单时，由于必须向收货人交正本提单，因此上述单据只有在提单签发后才能发送给有关当事人。

海运单开始使用以来，由于没有统一的规则约束，一旦发生争议将无法协调，因此，为给国际范围内使用的海运单一个统一规则的制约，1990年，国际海事委员会在第34届大会上，制定并通过了《1990年国际海事委员会海运单统一规则》（*CMI Uniform Rules for Sea Waybill*），这个规则的内容共有8条，分别对关于适用范围、有关术语的定义、代理、承运人的权利与责任、货物的说明、货物的支配权、交付货物和效力的内容进行了规定。

■ **案例再现**

运输短少案

某年4月3日，福建省厦门经济特区物资供应公司与香港华润艺林有限公司在香港订立TIS3—85558Ａ号钢材购销合同，由华润艺林有限公司向原告供应总金额为95.95万美元的钢材。合同规定由卖方向买方提交空白背书全套已装船清洁提单，提单应注明"运费已付"字样。原告按合同规定将货款如数汇至华润艺林有限公司账上。

5月31日，这批货物在联邦德国汉堡港装上被告所属"美女星"轮。被告签发了已装船清洁提单。提单正面记载：RST37—2/DIN17100线材809件，重1 047.42吨，BS4449/1978 12米螺纹钢1 199捆，重3 104.91吨，合计2 008件，4 152.330吨。托运人是联邦德国通用钢材出口股份公司，收货人凭指示提货，装货港汉堡，卸货港厦门，运费已在汉堡港预付。背面首要条款规定本提单适用《海牙规则》及《海牙维斯比规则》的有关规定；责任限制条款规定承运人对货物的丢失与损坏所负的责任，每件或每长吨不超过500美元；管辖权条款规定一切请求与争议须由船公司自行选择国家并由该国法院裁决。

8月14日，"美女星"轮抵达中国厦门港卸货。经厦门外轮理货分公司理货，发现该轮短卸43捆钢材。对此，"美女星"轮船长在"货物溢短单""货物残损单"上签字确认。事后，厦门进出口商品检验局对货物检验后出具《检验证书》，确认"捆数短少43捆，重量短少102.02吨，系发货前漏装所致"。

■ **案例解析**

　　该案中的提单真实有效，提单一经签发，即对承托双方和收货人具有约束力，因此，"美女星"轮应按提单记载的货物数量，将货物完好地交给提单持有人。尽管货物短少系发货前漏装所致，但该轮船船东不能以此为理由对抗收货人。对由于短交货物造成的损失，船方负有赔偿责任。

■ **案例启示**

　　按照我国《海商法》，提单具有收据作用，是货物已经由承运人接收或者装船的证据。作为收据的提单在不同的提单持有人手中有不同的证据效力。在托运人手中，提单是初步证据，承运人可以以其他更有力的证据证明提单记载与实际情况不符。但在托运人以外的第三方手中，提单是最终证据，承运人不能再以其他证据推翻提单的记载。

第八章

国际贸易运输保险

本章学习目标

1. 海洋运输货物保险保障的海上风险和外来风险。

2. 海洋运输货物保险保障的损失的范围和种类。

3. 海洋运输货物保险保障的费用的种类和含义。

4. 我国海洋运输货物保险险种和具体的条款。

5. 英国伦敦保险协会海运货物保险险种和条款。

第一节　国际海上货物运输保险保障的范围

■ 知识点串讲

一、海洋运输货物保险保障的风险

国际贸易中的海运货物，通常路途遥远，航程时间也较长，此时载货的船舶在漫长的行驶途中有可能会遭遇到各种各样的风险，不仅可能会遇到暴风雨、雷电等自然灾害，还面临着战争、海盗等不可预知的其他风险，这些都可称之为广义的海上风险。广义的海上风险是指船舶或货物在海上航行过程中有可能会发生的一切风险。由于风险是造成损失的原因，海上货物运输保险人把承保的海上货物运输风险分为海上风险和外来风险两大类。

（一）海上风险

海上风险（Perils of Sea）包括海上发生的自然灾害和意外事故。自然灾害（Natural Calamities）并不是指一般自然力所造成的灾害，而是指由于自然界非一般的变异而引起的破坏力量所造成的灾害。在海运保险中，自然灾害包括恶劣气候、雷电、洪水、流冰、地震、海啸、火山爆发以及其他等人力不可抗拒的灾害。

意外事故（Accident）是指由于偶然的、意料不到的原因所造成的事故。意外事故海运保险中，主要包括船舶搁浅、触礁、沉没、碰撞、火灾、爆炸以及失踪等具有明显海洋特征的重大意外事故。

（二）外来风险

外来风险一般是指海上风险以外的由于外来原因而引起的风险。外来风险必须是由于偶然的、意料之外的原因而造成的，它可分为一般外来风险和特殊外来风险。

一般外来风险是指货物在运输途中由于偷窃、雨淋、短量、渗漏、破碎、受潮、受热、霉变、串味、沾污、钩损、生锈、破损等原因所导致的风险。

特殊外来风险是相对于一般外来风险而言，主要是指由于军事、政治及行政法令等原因造成的风险，从而引起货物的损失。如战争、罢工、交货不到、拒收等。

二、海洋运输货物保险保障的损失

被保险货物在运输过程中，因遭受海洋运输中的风险而导致的损失称之为海损或海上损失。海损按损失程度的不同，可分为全部损失和部分损失。

（一）全部损失

全部损失（Total Loss）简称全损，是指被保险货物在海洋运输中遭受全部损失。从损失的性质看，全损又可分为实际全损和推定全损两种。

1. 实际全损

实际全损（Actual Total Loss，ATL）又称绝对全损，是指保险标的物在运输途中全部灭失或等同于全部灭失。在实际的保险业务中，构成实际全损主要有以下几种情况：保险标的物全部灭失；保险标的物的物权完全丧失；保险标的物已丧失原有商业价值或用途；载货船舶失踪，无音讯已达相当一段时间。被保险人在货物受到全部损失后，无须办理任何法律手续，就可以根据保险合同，按照保险金额，获得保险人对全部损失的赔偿。

2. 推定全损

推定全损（Constructive Total Loss）是指被保险货物在运输途中受到损失后，虽然还没有达到全部损失的程度，但情况所迫，实际全损已经不可避免；或者还可以进行施救，但施救费用加上将货物运抵目的港的费用已超出保险价值的这种情况。

构成被保险货物推定全损的情况包括：保险标的物受到损失后，其修理费用超过货物修复后的价值；保险标的物受损后，其修理和继续运往目的港的费用超过货物到达目的港的价值；保险标的物的实际全损已经无法避免，为避免全损所需的施救费用将超过获救后标的物的价值；保险标的物遭受保险责任范围内的事故，使被保险人失去标的物的所有权，而收回标的物的所有权其费用已超过收回标的物的价值。

在发生了推定全损后，被保险人有两种处理方法：其一，被保险人进行保险标的的恢复和修理，保留对残余货物的所有权，按照实际损失向保险人索赔实际已发生的部分损失；其二，被保险人办理委付手续，向保险人索赔全部损失。

委付（Abandonment）是放弃所有权的一种行为。海上保险中的委付是指在发生推定全损的状况时，被保险人主动放弃自己对保险标的具有的一切权利和义务，并将其永久转让给保险人，要求保险人对保险标的的全部损失予以赔偿。

（二）部分损失

部分损失（Partial Loss）是相对于全部损失而言，指被保险货物的损失还未达到全部损失的程度。部分损失按其性质，可分为共同海损和单独海损。

1. 共同海损

根据1974年国际海事委员会制定的《约克—安特卫普规则》的规定：载货船舶在海洋运输中船舶、货物和其他财产遭遇共同危险时，船方为了共同安全，以使同一航程中的船货脱离危险，有意而合理地作出的牺牲或引起的特殊费用，这些损失和费用被称为共同海损（General Average）。

共同海损包括两部分：共同海损的牺牲和共同海损的费用。共同海损牺牲（General Average Sacrifice）是指由共同海损行为直接导致的船舶和货物的损失。共同海损费用（General Average Expenditure）是指采取共同海损行为中支付的相关费用。

共同海损是在海上保险出现以前就已经存在的一种被公认的航海做法。一般认为构成共同海损的条件有以下四条：第一，必须是确实遭遇到危险，危险是实际存在的，或者是不可避免的，而非主观臆测的；第二，必须是自愿地和有意识地采取合理措施所造成的损失或发生的费用；第三，必须是为船货共同安全采取的谨慎行为或措施所做的牺牲或引起的特殊费用；第四，必须是属于非常性质的牺牲或发生的费用，并且是以脱险为目的。

由于共同海损行为所做出的牺牲或引起的特殊费用，都是为使船主、货主和承运方不遭受损失而支出的，因此，不管其大小如何，都应由船主、货主和承运各方按获救的价值，以一定的比例分摊，这种分摊叫共同海损的分摊。在分摊共同海损费用时，不仅要包括未受损失的利害关系人，而且还需包括受到损失的利害关系人。

发生共同海损事故之后，由于共同海损是为了船货的共同安全，因此，共同海损行为引起的共同海损牺牲和共同海损费用应该由全体受益方共同分摊。具体确定如何补偿和分摊共同海损的工作就被称为"共同海损理算"（Average Adjustment）。国际上统一的共同海损理算规则——《约克—安特卫普规则》（*York-Antwerp Rules*）在1860年最初制定，后又经过多次修订，现在使用最多的是1974年修订的版本，共有30条规则。我国在1975年颁布了《中国国际贸易促进委员会共同海损理算暂行规则》（简称《北京规则》），这个规则对共同海损的原则、范围和分摊方法等都进行了规定。

2. 单独海损

单独海损（Particular Average）是指保险标的物在海上运输途中，遭受承保范围内的风险直接造成的船舶或货物的灭失或损害，即指除了共同海损以外的部分损失。这种损失由保险标的所有人单独承担。

与共同海损相比，单独海损具有以下特点：它不是人为有意造成的部分损失；它是保险标的物本身的损失，是某一单独利益方的损失；单独海损由遭受损失的被保险人单独承担，但其可根据损失情况从保险人那里获得赔偿。

三、海洋运输货物保险保障的费用

在海洋货物运输中，遭遇海上危险事故后，为了避免或减轻损失的程度，往往还会有其他的费用和支出，主要有施救费用和救助费用，对这些费用和支出，保险人规定有不同的赔付方法。

（一）施救费用

施救是指被保险人为避免损失发生或减轻损失的程度而采取的适当行动。施救费用（Sue and Labor Charges）就是当保险货物遭遇保险事故时，被保险人或其代理人、雇佣人员和受让人为避免或减轻损失而采取的各种抢救措施而产生的合理费用。

施救费用得到保险人补偿的条件包括：施救费用的支出仅限于被保险人或其代理人、雇佣人员或受让人；施救费用是为减轻某一特定利益方的损失而支出的费用；施救费用的支出是为了减轻保单所承保的损失；施救费用必须是由于保单所承保的危险发生后，为减轻损失而支出的。

由于在货物发生保险事故后，被保险人及其代理人及时采取措施避免损失的扩大，这样可以减轻保险人的赔偿金额，因而保险人支持和鼓励这种行为，对施救费用的赔付规定也比较宽松。

（二）救助费用

航行船舶在海洋运输过程中，遭遇到自然灾害或意外事故后，自身无法从危险境地中获救，因而请求外来力量或外来力量自愿进行援救的行为属于海上救助。此时，救助行为使财产减少了损失，因而被救方要支付给救助方救助费用。

救助费用（Salvage Charges）是指在海上航行中，当船舶遭遇海上事故时，由被保险人和保险人以外的第三者自愿采取救助行动，并使船舶或货物免除或减少损失，由被救方付给救助人的报酬。由于救助费用也是为了免除或减轻被保险财产的损失，从而保护社会财富，使保险人的赔偿金额减少，因而保险人也要对救助费用进行赔付。

保险人承担赔偿责任的救助费用必须满足一定的条件：首先，救助必须是由与保险人或被保险人无关的第三方进行的；第二，被救助的财产必须处于保险单的承保危险之中；第三，被救船舶或货物必须处于不能自救的危险境地。

■ **案例再现**

共同海损的界定案

糖烟酒公司A向某糖厂购糖，同时租用B船进行海运，并投保海上贸易运输保险水渍险。保险合同载明标的为一级白砂糖17 000件，共计850吨，保险金额365.5万元。运单上"特约事项栏"未注明托运人同意白砂糖配置甲板上，但B船船东在装船时，将部分白砂糖配载在甲板上。在航行途中，B船遭遇了八级大风巨浪，船身剧烈横摆，配载在甲板上的白砂糖歪至一边。为了使船能保持平衡并继续航行，船东作出决定，将甲板上的白砂糖部分抛至海中，结果到港后，白砂糖只有14 040件，同时还有部分白砂糖受潮，包装受损、短量，于是糖烟酒公司A向保险公司提出索赔。经调查，本案中承运的B船由渔船改装，吨位为910吨，抗风等级为八级，但其初检适航证书已过有效期，在本次航程前未做检查。

■ 案例解析

本案的争议在于B船船东将部分白砂糖抛入海中造成的损失是否属于共同海损？从本案案情看，表面上B船及货物正遭到共同危险，B船船东为了解除船和货的共同危险而采取抛货所造成的货物损失是属于共同海损牺牲的，也是属于共同海损的，但实际上B船抛货是由于货物配置不当及船舶不具适航性造成的。在本案中，运单上未注明"同意白砂糖配载在甲板上"说明船方将部分白砂糖配载在甲板上未经过糖烟酒公司A的允许。而且由于B船适航性证明已过有效期，故其在突遇八级大风无把握继续安全航行的情况下，只得将配载在甲板上并歪至一边的白砂糖部分抛入海中，因此应由船方承担赔偿糖烟酒公司A经济损失的责任。

■ 案例启示

因当事人的过失所致的共同海损，损失应该由有过失的一方承担，而另一方无须分摊此种损失；如果共同海损事故是在当事人没有过失的情况下发生的，则当事各方就应依照约定分摊共同海损损失。

第二节　海洋运输货物保险险种及其条款

■ 知识点串讲

国际贸易中，由于海洋运输运量大，货物适应性强，而且运费低廉，因此，大宗货物的运输都是依靠海上运输完成的，海上运输中的贸易货物由于距离远，运输途中的时间较长，在运输途中可能会遇到各种危险和事故，为了增强抵抗风险的能力，货方就必须通过投保一定的海洋运输货物保险把风险控制在一定的范围之内。为了促进贸易的发展，中国人民保险公司参照国际保险市场上的习惯做法，制定了各种涉外保险的条款。海洋货物运输保险是其中最重要的组成部分。海洋运输货物保险包括基本险、附加险和专门险三大类。

一、我国海洋运输货物保险的基本险

基本险，也称为主险，是货物运输保险的基本险别。这种险别可以独立投保，不必依附于其他险别。我国规定的基本险有平安险、水渍险和一切险三种。

（一）平安险（Free from Particular Average，F.P.A.）

平安险是我国保险业界长期沿用的习惯称谓，低值的大宗货物一般投保此种险别。它的含义并不是像字面意思一样，确保将货物平安送

到目的地。从平安险的英文"Free from Particular Average"可以看出，它的意思是对单独海损不承担赔偿责任。平安险是我国三种基本险中承保范围最小的险种。平安险对意外事故所造成的全部和部分损失都予以赔付，自然灾害造成的全部损失也在保险范围内，自然灾害造成的部分损失只有满足一定条件时，保险人才予以赔付。按我国保险条款的规定，平安险负责赔偿：

（1）被保险货物在运输途中由于恶劣气候、雷电、海啸、地震、洪水等自然灾害造成整批货物的全部损失或推定全损。

（2）由于运输工具遭受搁浅、触礁、沉没、互撞、与流冰或其他物体碰撞以及失火、爆炸意外事故造成货物的全部或部分损失。

（3）在运输工具已经发生搁浅、触礁、沉没、焚毁意外事故的情况下，货物在此前后又在海上遭受恶劣气候、雷电、海啸等自然灾害所造成的部分损失。

（4）在装卸或转运时由于一件或数件整件货物落海造成的全部或部分损失。

（5）被保险人对遭受承保责任内危险的货物采取抢救、防止或减少货损的措施而支付的合理费用，但以不超过该批被救货物的保险金额为限。

（6）运输工具遭遇海难后，在避难港由于卸货所引起的损失以及在中途港、避难港由于卸货、存仓以及运送货物所产生的特别费用。

（7）共同海损的牺牲、分摊和救助费用。

（8）运输契约订有"船舶互撞责任"条款，根据该条款规定应由货方偿还船方的损失。

（二）水渍险（With Particular Average，W.P.A./W.A.）

水渍险也是我国保险业界长期的习惯称呼，一般化工原料、钢管、散装的金属原料等不易损坏或虽易生锈但不影响使用的货物会投保此种险别。水渍险把平安险中未包括在内的部分损失也作为承保范围。除包括平安险上述的各项责任外，水渍险还负责被保险货物由于恶劣气候、雷电、海啸、地震、洪水等自然灾害所造成的部分损失。

（三）一切险（All Risks）

一切险的保险责任是三个基本险中最大的。一切险除包括上述平安险和水渍险的各项责任外，还负责被保险货物在运输途中由于外来原因所致的全部或部分损失。这里的外来原因指的是一般外来风险，即我国保险条款中的一般附加险所保障的风险。我国的11项一般附加险在一切险项下不需另行投保即可得到保障。

二、我国海洋运输货物保险的附加险

附加险是指那些无法单独投保，必须附属于基本险项下的险别。这就是说，只有投保了基本险，才允许投保附加险。附加险承保的是外来风险所造成的损失，我国习惯上将附加险分为一般附加险和特殊附加险。

在保险实务中，投保一种基本险以后，投保人可根据货运需要加保一种或若干种附加险。投保了一切险后，因一切险中已包括了所有一般附加险的责任范围，所以只须在特殊附加险中选择加保的险别。

（一）一般附加险（General Additional Risks）

我国保险条款中的一般附加险有11种，主要是针对由于一般外来风险所致的损失。在投保人已投保一切险时，一般附加险已包括在内，投保人不需另行投保。

（1）偷窃、提货不着险（Theft, Pilferage and Non-delivery Risk, T.P.N.D.）：对保险货物遭受偷窃行为或整件提货不着所致的损失，规定按保险价值负责赔偿。货物被偷走和因为偷窃行为导致货物损坏都属于偷窃所致的损失，提货不着是指由于运输上的原因，被保险人未能在目的地提取整件货物或全部货物的损失。此外，该条款还要求被保险人必须及时提货、遇有偷窃所致货物损失，必须在提货后十日内申请，遇有提货不着的情况，必须向责任方取得整件提货不着的证明。

（2）淡水雨淋险（Fresh Water and Rain Damage Risk，F.W.R.D.）：对被保险货物因直接遭受雨淋或淡水所致的损失负责赔偿，雨淋损失是指雨水或冰雪融化而造成的损失，淡水损失是指船上淡水舱、水管漏水等造成的货物损失。要求被保险人必须及时提货，在提货后十天内申请检验，并提供包装外部有雨水或淡水痕迹的货物或其他适当证明，否则，保险人不予赔偿。

（3）短量险（Shortage Risk）：对被保险货物在运输过程中因外包装破裂所致的货物损失，或散装货物发生数量短少和实际重量短缺的损失负责赔偿，但正常的损耗除外。

（4）混杂、沾污险（Intermixture and Contamination）：对被保险货物在运输过程中，由于和其他货物混杂或者货物在运输过程中被其他货物沾污所致的损失，负责赔偿。如粮食中混入矿砂，服装、纸张等被油类物品沾污等。

（5）渗漏险（Leakage Risk）：主要针对流质或半流质的货物，对被保险货物在运输过程中，因容器损坏而引起的渗漏损失，或用液体盛装的货物（如酱菜）因液体的渗漏而引起的货物腐败等损失，负责赔偿。

（6）碰损、破碎险（Clash and Breakage Risk）：主要针对玻璃器皿等易碎物品，对被保险货物在运输过程中因震动、碰撞、受压造成的破碎和碰撞损失，负责赔偿。

（7）串味险（Taint of Order Risk）：主要针对食用物品、中药材、化妆品原料等货物，对这些物品在运输过程中，由于受其他物品的影响而引起的串味损失，负责赔偿。例如有些药材受运输途中其他货物的异味影响失去药用价值而遭受损失。

（8）受潮受热险（Sweat and Heating Risk）：对被保险货物在运输过程中因气温突然变化或由于船上通风设备失灵致使船舱内水气凝结、发潮或发热所造成的货物发霉、发烂等损失，负责赔偿，但货物损失必须不是由于货物本身而造成的。

（9）钩损险（Hook Damage Risk）：对被保险货物在装卸过程中因遭受钩损而引起的损失，以及对包装进行修补或调换所支付的费用，均负责赔偿。

（10）包装破裂险条款（Breakage of Packing Risk）：对被保险货物，在运输过程中因搬运或装卸不慎，造成包装破裂而造成的货物损失，以及为了继续运输的安全所必要的对货物包装进行修补或调换所支付的费用，均负责赔偿。

（11）锈损险条款（Rust Risk）：主要针对金属制品等易生锈物品，对这类被保险货物在运输过程中生锈而造成的损失，负责赔偿。

（二）特殊附加险（Special Additional Risks）

我国保险条款中的特殊附加险主要有战争险、罢工险、舱面险、拒收险、交货不到险、黄曲霉素险、进口关税险以及货物出口到港澳地区的存仓火险责任扩展条款等8种。

由于特殊附加险的保险责任范围不包括在一切险的责任范围内，因此，被保险人如欲取得属于特殊附加险各险别责任范围内的风险保障，不论已投保何种基本险，均需另行加保有关的特殊附加险。

1. 海运货物战争险（Ocean Marine Cargo War Risks）

海运货物战争险承保下列损失和费用：直接由于战争或类似战争的行为和敌对行为、武装冲突或海盗行为所致的货物损失；由于上述行为而引起的捕获、拘留、扣留、禁制、扣押所造成的货物的损失；各种常规武器，包括水雷、鱼雷、炸弹等造成的所运输货物的损失；以及由于战争险责任范围引起的共同海损的牺牲、分摊和救助费用。

海运货物战争险只承保战争风险所造成的直接的物质损失，不负责额外费用。如由于战争行为而造成货物存储、转运的费用，保险人不予赔付，如果想让保险人对这些费用也负责，投保人必须加保战争险的附加费用险（Additional Expenses War Risks）。

此外，需要注意的是，战争险的保险期限和货物运输保险基本险的保险期限有所不同，战争险的负责期限仅限于水上危险或运输工具上的危险，而不同于货物运输基本险的"仓至仓"条款。从货物装上保险单上所载明的海轮或驳船时开始，到卸离海轮时终止。如货物在目的港一直未卸货，则从海轮到达目的港当日午夜起算满15天，保险责任终止。如果货物未到目的港时转船，则以海轮到达中途港当日午夜起算满15天保险责任终止，只有在有效期限内重新装上续运海轮，保险责任才恢复为有效。

2. 罢工险（Cargo Strike Risk）

罢工险承保由于罢工者、被迫停工工人或参加工潮、暴动、民众斗争的人员的行为或任何人的恶意行为所造成的直接损失和上述行动或行为引起的共同海损牺牲、分摊和救助费用。

罢工险的保险责任与货物运输保险基本险的规定相同，采用"仓至仓"条款。从货物由卖方仓库运输时开始，到货物最终进入买方仓库的整个运输期间。

罢工险项下负责赔付的损失都必须是罢工造成的直接损失，对于间接损失保险人不予负责。比如由于码头工人罢工，货物无法正常装卸存放在码头而受到雨淋而遭受的损失就属于间接损失，保险人不予赔付。在保险实践中，投保战争险后加保罢工险不另收费，一般投保人都会同时投保战争险和罢工险。

3. 交货不到险（Failure to Deliver Risk）

交货不到险承保被保险货物从装上船时开始，如果在预定抵达目的地日期起满六个月仍未运到目的地交货的损失。交货不到险承保的损失主要是由于政治上的因素而导致货主无法按时收到货物，如由于中途某国对货物扣押而导致交货不到的损失。

4. 进口关税险（Import Duty Risk）

这项附加险是针对货物虽然受损但进入某些国家仍需按照完好价值缴纳进口关税造成损失的情况而设立的。有些国家规定，不管货物在抵达目的港时是否完好，均需按发票上载明的货物价值征收关税。而在国际贸易中，货物在进口前运输途中很有可能会遭到损坏，价值减少，如按完好价值纳税就会导致一定的损失，进口关税险就是承保这类损失。但保险人赔付这类损失有一个前提条件：被保险货物在运输途中所受到的损失必须属于保险责任的范围之内。

5. 舱面险（On Deck Risk）

舱面险承保装载在舱面上的货物由于保险事故而导致的损失和货物因被抛弃或因风浪冲击落水的损失。海洋运输的货物一般都是装在舱内，但由于有些货物的特殊性质，如危险品、有毒货物根据航运习惯和有关规定，必须装载于舱面，因此为保障这些货物的损失，制订了舱面险。由于货物装载在舱面风险很大，所以保险人一般只在平安险的基础上加保舱面险。此外，由于现在广泛应用的集装箱运输的船舶设备优良，抗风险能力强，所以虽然集装箱按习惯一般可以装载在舱面上，但保险业界一般也都将其视为装在舱内的货物，不需加保舱面险即可得到保障。

6. 拒收险（Rejection Risk）

拒收险承保被保险货物在进口时，由于各种原因，被进口国政府或有关当局拒绝进口或没收所造成的损失。但投保这项保险时，投保人必须提供货物进口所需的进口许可证和限额等一切手续，这些手续都齐全，保险人才接受投保。假设货物启运后在运输途中，进口国宣布实行对被保险货物禁运或禁止进口，保险人在拒收险项下负责赔偿货物转运的运费，但不能超过货物的保险价值。

7. 黄曲霉素险（Aflatoxin Risk）

黄曲霉素是一种带有毒性的物质，发霉的花生、大米经常含有这种毒素，如果这种毒素的含量超过进口国规定的限制标准时，就会被进口国拒绝进口、没收或强制改变用途。黄曲霉素险就是承保货物的这类损失。这种险别实际上是一种具体针对黄曲霉素的拒收险。

8. 出口货物到香港（包括九龙）或澳门存仓火险责任扩展条款（Fire Risks Extension Clause For Storage of Cargo at Destination HongKong，Including Kowloon or Macao，F.R.E.C.）

这项条款主要是针对出口到港澳地区并且在银行办理押汇的出口货物，为了保障过户银行的利益而相应制订的。

三、海洋运输货物专门保险

海洋运输货物专门险是根据货物的特性而制订的专门险别，主要有海洋运输冷藏货物险、海洋运输散装桐油险和卖方利益险。

（一）海洋运输冷藏货物保险（Ocean Marine Insurance Frozen Products）

这项保险主要是针对冷藏货物而制订的。海洋运输中，经常有新鲜的水果、蔬菜和鱼、虾、肉等需要运输，为了保证这些货物在运输途中不会腐烂，并且保持新鲜，就必须处理后放入冷藏舱内保管。这样，这些货物除了可能遭受和其他货物一样的风险外，还有可能会因为冷藏失灵而导致货物腐烂损失，这样就出现了海洋运输冷藏货物险，专门应用于冷藏货物。

海运冷藏货物保险分为冷藏险（Risks for Shipment of Frozen Products）和冷藏一切险（All Risks for Shipment of Frozen Products）两种。这两种险别均可单独投保。

冷藏险类似于基本险中的水渍险，对被保险的冷藏货物在运输过程中由于自然灾害或意外事故造成的货物腐烂和货物损失承担损失赔偿责任，但和水渍险不同的是，还包括由于冷藏机器停止工作连续达到24小时以上所致的货物腐烂或损失。冷藏一切险相当于基本险中的一切险，除了冷藏险的责任范围之外，还包括被保险的冷藏货物在运输途中由于外来原因而导致的货物的腐烂和损失。

海运冷藏险的除外责任和海运货物保险条款的除外责任基本相同，只是根据冷藏货物的特性稍有改动。海运冷藏险对于"被保险的鲜货在运输途中的任何阶段，因未存放在有冷藏设备的仓库或运输工具中，或辅助运输工具没有隔温设备所造成的鲜货腐烂的损失"不承担赔偿责任。此外，被保险鲜货在保险责任开始时，因未保持良好状态，包括整理加工和包扎不妥，冷冻上的不合规定及骨头变硬所引起的鲜货腐烂的损失，保险人也不予以赔付。

海运冷藏险的保险期限与海运基本险条款的规定大体一致，但稍有改动。海运冷藏险规定，货物到达保险单所载明的最后目的港后，必须在30天内卸离海轮，如在30天内未卸离海轮，保险责任即告终止；货物在30天内卸离海轮并存入冷藏仓库，保险人负责货物卸离海轮后10天内的风险，不过，如在上述期限内，货物移出冷藏仓库，保险责任即告终止；如果货物卸离海轮后不存入冷藏仓库，保险责任在货物卸离海轮时即终止。

（二）海运散装桐油保险条款[Ocean Marine Insurance Clause（Wood oil Bulk）]

这一险别可以单独投保，是根据散装桐油的特性制订的。桐油是我国大宗出口商品之一，但由于它自身的特性，容易受到污染而变质遭受损失，因此制订了专门的条款对其进行保障。海运散装桐油险负责不论何种原因而造成的桐油数量短少、渗漏超过免赔率的损失和不论何种原因造成的被保险桐油沾污或变质的损失。

由于散装桐油非常容易遭受污染而损失，因此保险人在接受此类保险时，要求被保险人在起运港、中途港和目的港都必须取得全套品质检验合格证书，被保险人只有取得上述检验证书，才能在桐油损失时获得保险赔款。

（三）卖方利益险（Contingency Insurance Clause—Cover Seller's Interest Only）

在国际贸易中，如果我国出口方采用托收方式或按FOB、CFR等术语进行出口贸易时，是由买方负责办理保险，此时假若货物遭受损失，而买方又拒绝付款赎单，卖方就会面临既收不回货款，又无法向保险人索赔的境地。卖方利益险就是为了保障卖方的利益，避免这种情形的出现而设立的。根据我国保险条款的规定，卖方利益险负责赔偿货物在遭受保险单载明承保险别的条款责任范围内的卖方损失，但仅在买方不支付该项受损货物部分的损失时才予以赔偿。而且，在卖方利益险项下，被保险人应将其向第三方或买方追偿的权利转让给保险人。

四、除外责任

除外责任是指在保险单中明文列出的保险人不予承保的损失和费用。我国海运保险条款对下列损失，不负赔偿责任：被保险人的故意行为或过失所造成的损失；属于发货人责任所引起的损失；在保险责任开始前，被保险货物已存在的品质不良或数量短差所造成的损失；被保险货物的自然损耗、本质缺陷、特性以及市价跌落、运输延迟所引起的损失或费用；海洋运输货物战争险条款和货物运输罢工险条款规定的责任范围和除外责任。

五、责任起讫

我国海运货物基本险一般采用"仓至仓"条款（Warehouse to

Warehouse Clause）。自被保险货物运离保险单所载明的起运地仓库或储存处所开始运输时生效，包括正常运输过程中的海上、陆上、内河和驳船运输在内，直至该项货物到达保险单所载明目的地收货人的最后仓库或储存处所或被保险人用作分配、分派或非正常运输的其他储存处所为止。

■ **案例再现**

武装冲突致损案

我国某公司出口一批面粉到中东地区，投保了一切险和战争险，当承运船只抵达目的港开始卸货时，当地突然发生武装冲突，部分船上货物及部分已卸到岸上的货物均被损毁。货方要求保险公司对全部损失予以赔付，保险公司不同意。

■ **案例解析**

首先，造成货物损失的原因是武装冲突，这个风险是战争险的承保范围，而本案中货方在一切险的基础上投保了战争险。战争险的负责期限仅限于水上危险或运输工具上的危险，按照这个规定，保险公司只负责赔偿尚在船上未卸的货物的损失，而对于已卸至岸上的货物的损失，并不赔偿。

■ **案例启示**

战争险的保险期限和货物运输保险基本险的保险期限有所不同，

战争险的负责期限仅限于水上危险或运输工具上的危险，而不同于货物运输基本险的"仓至仓"条款。战争险的保险期限从货物装上保险单上所载明的海轮或驳船时开始，到卸离海轮时终止。如货物在目的港一直未卸货，则从海轮到达目的港当日午夜起算满15天，保险责任终止。如果货物未到目的港时转船，则以海轮到达中途港当日午夜起算满15天保险责任终止。

第三节 英国伦敦保险协会海运货物保险条款

■ 知识点串讲

作为最早取得发展的资本主义国家，英国的海上保险是最早发展起来的。各国后来的海上保险条款都在一定程度上是借鉴或仿照着英国的保险条款而制订的。英国早在1912年就出现了普遍使用的货运险条款，称为《协会货物条款》（Institute Cargo Clause，ICC），当时设计的三套货运条款分别是：平安险、水渍险和一切险。以后又经过修订，最近的一次修订是在2009年完成的。

《协会货物条款》共有六种险别：

（1）协会货物（A）险条款，即ICC（A）；

（2）协会货物（B）险条款，即ICC（B）；

（3）协会货物（C）险条款，即ICC（C）；

（4）协会货物战争险条款（Institute War Clauses Cargo）；

（5）协会货物罢工险条款（Institute Strike Clauses Cargo）；

（6）恶意损害险条款（Malicious Damage Clause）。

上述六种险别中（A）险、（B）险、（C）险属于基本险，其他属于附加险。除恶意损害险外，前五种险别均可单独投保。在ICC条款中，上述前五种险别均按条款的性质统一划分为八项主要内容，即承保范围、除外责任、保险期限、索赔、保险利益、减少损失、防止延迟和法律与惯例。

一、协会货物条款（A）险

（一）承保责任范围（Risks Covered）

ICC（A）险的承保范围较广，采用"一切风险减除外责任"的方式，除了"除外责任"项下所列的风险保险人不予负责外，其他风险均予负责。

（二）除外责任（Exclusion）

ICC（A）险规定有四类除外责任，分列如下：

一般除外责任包括：被保险人的故意过失所引起的损失或费用；保险标的的自然渗漏、短量或正常的损耗；保险标的包装或准备不足或不当所造成的损失；保险标的固有缺陷或性质引起的损失或费用；直接由于延迟而造成的损失或费用；由于船舶所有人、经理人、租船人或经营人破产或不清偿债务引起的损失和费用；由于使用原子或热核武器所造成的损失和费用。

不适航、不适货除外责任：船舶适航是海上运输合同中承运人必须履行的一项义务，这一条主要是指被保险人在被保险货物装船时已知船舶不适航，以及船舶、运输工具、集装箱等不适货时，保险人对于此后发生的损失不予赔付。

战争险除外责任：这条的含义是将战争风险排除在A险的承保范

围之外，规定对战争以及其他敌对行为引起的损失，还有由战争引起的捕获、拘留、扣留等和水雷、炸弹等造成的损失，保险人不予赔付。但需要注意的是，在这一条除外责任中，A险明确将海盗风险排除在这一条除外责任之外，即海盗风险不在战争风险之内，而作为一般海上风险在ICC（A）险中得到承保，这与我国保险条款的规定不同。

罢工险除外责任：这条规定对罢工者及由于罢工行为而引起的损失不予负责，另外，对于恐怖分子或有政治动机的人员所造成的损失也排除在责任范围之外。

（三）保险期限（Duration）

保险期限的规定在运输条款、运输合同终止条款和航程变更条款这三个条款中得到体现。

运输条款规定保险责任自所保货物离开保险单所载的启运地仓库或储存处所时开始生效，直到运至保险单所载目的地收货人仓库或被保险货物在最终卸货港卸离海轮后届满60天为止。另外，假如中途出现被保险人无法控制的延迟、绕航、强制卸货等航海上的变更，被保险人无须通知保险人，也不需要加缴保费，保险继续有效，这与我国海运货物保险条款中的规定有所不同。

运输合同终止条款规定，如在被保险人无法控制的情况下运输合同在非保单载明的目的地港口或地点终止，本保险也同时终止，除非被保险人迅速通知保险人并要求继续承保，同时加缴保费。

航程变更条款是指保险责任开始后，若被保险人变更目的地，被保险人需及时通知保险人，保险人按重新商定的保险费率和保险条件对该保险货物继续承保。

（四）索赔（Claims）

索赔的规定体现在可保利益条款、续运费用条款、推定全损条款和增值条款中。可保利益条款（Insurable Interest Clause）的规定是关于保险利益原则，该条款规定：在货物发生损失时，被保险人对保险标的必须具有保险利益，否则，无权向保险人索赔。另外，只要被保险人本着最大诚信原则，即使保险标的的损失发生在保险合同订立之前，只要被保险人对此并不知情，保险人仍应对货物损失予以赔付。

续运费用条款规定，如果航程的终止是由于承保危险所致，而且不是由于被保险人或其雇员的过失、疏忽等引起的续运的正当、合理的费用，保险人应予以负责。

推定全损条款对推定全损进行了界定，规定推定全损得不到赔偿，除非保险标的物被进行了合理地委付，由于实际全损已经无法避免或恢复、整理、续运至目的地的费用超过了其本身的价值。

增值条款规定，如果被保险人对货物投保了增值保险，则货物的保险价值应为原来保险的保险金额和增值保险的保险金额的总和，一旦发生损失，保险人的赔偿责任以其保险单中载明的保险金额占总保险金额的比例计算。

（五）保险利益（Benefit of Insurance）

这一部分主要体现在"不得受益条款"上，该条款规定承运人和其他受托人不得享受保险的利益。这一条主要是为了防止承运人在货物运输合同中通过订立相关的条款逃避对货物损失应承担的责任。这个条款通过否定承运人或其他受托人享受保险利益的权利，保障了保险人的代位求偿权。

（六）减少损失（Minimizing Losses）

这部分规定被保险人及其雇员为避免或减轻损失，应承担采取合理措施的义务并且保证保留对承运人及其他人员的相关权利。此外，被保险人或保险人对保险标的采取的施救、保护等各项措施，不应视为放弃或接受委付而影响双方的权益。

（七）避免延误（Avoidance of Delay）

本部分规定被保险人在他能控制的一切情况下，应合理迅速处置货物，也就是避免延误而造成损失扩大。

（八）法律及惯例（Law and Practice）

本部分规定保险受英国法律和惯例管辖。

综上所述，ICC（A）险相当于我国一切险保险条款，对海上自然灾害、意外事故和一般外来风险所致的损失负责赔偿，但由于采用一切风险减除外责任的方式规定承保范围，除外责任比我国条款规定得更加明确和具体，内容也更全面，有利于被保险人对保险条款涵盖的风险有更清楚的了解。此外，两者在承保责任上也有所不同，由于我国的一切险并不包括战争附加险，包括在战争险中的海盗风险自然也就排除在一切险之外，而ICC（A）险中的除外责任明确将海盗风险排除在外，也就是ICC（A）险对海盗风险也予以承保；还有，ICC（A）险中包括恶意损害险，而一切险中这类风险并不是承保风险。

二、协会货物条款（B）险

协会货物条款（B）险的内容除了承保责任与除外责任与（A）险有差别之外，其余各条均与（A）险一致，因此下面主要是关于承保责任和除外责任的内容。

（一）承保责任范围

ICC（B）险的承保责任要小于ICC（A）险，采用除外责任之外"列明风险"的方式，把承保的风险一一列举出来。该条款规定，对保险标的的灭失或损害由于下列风险所致的损失予以负责：火灾或爆炸；船舶或驳船的搁浅、触礁、沉没或倾覆；陆上运输工具的倾覆或出轨；船舶或驳船或运输工具与水以外的外界物体的碰撞或接触；在避难港卸货；地震、火山爆发或雷电。

如保险标的的灭失或损害是由下列危险引起的，保险人也予以负责：共同海损牺牲；抛货或浪击落海；海水、湖水或河水进入船舶、驳船、运输工具、集装箱、大型海运箱或储存处所；货物在船舶或驳船装卸时落海或跌落造成整件的全损。

（二）除外责任

ICC（B）险的除外责任除包括ICC（A）险的全部除外责任外，还加列一条：任何个人或数个人非法行为对保险标的或其任何部分所造成的损失，保险人不承担责任。此外，在除外责任的具体条款中，ICC（B）险在措辞时，并未像（A）险一样，明确将海盗风险排除在外，含义就是（B）险不负责承保海盗风险。简而言之，在ICC（B）险项下，保险人对"海盗行为"与"恶意损害险"不负责。

综上所述，可以看出ICC（B）险负责承保海上灾害和意外事故所致的损失，相当于我国保险条款中的水渍险，但两者承保的具体责任还存在一定的差别：（B）险负责浪击落海的损失，而水渍险对此并不负责；（B）险只负责货物装卸时落海或跌落造成的整件货物的全部损失，水渍险却对这样造成的全部损失和部分损失都予以负责；（B）险负责赔偿海水、河水或湖水进入运输工具导致的损失，不管是何种原因所致，而水渍险只对列出的自然灾害和意外事故造成的货损或共同海损负责。

三、协会货物条款（C）险

ICC（C）险与ICC（B）险除了承保责任有所不同之外，其余各条款基本上都一致。

（一）承保责任范围

（C）险规定，保险标的的损失可合理归因于下列原因，保险人予以负责：火灾或爆炸；船舶或驳船遭受搁浅、触礁、沉没或倾覆；陆上运输工具的倾覆或出轨；船舶、驳船或运输工具与水以外的任何物体碰撞或接触；在避难港卸货。

此外，由于下列原因引起保险标的的损失，保险人也予以赔付：共同海损牺牲；抛货。

（二）除外责任

ICC（C）险的除外责任与ICC（B）险的除外责任完全相同。

从上述内容可以得出结论，（C）险只负责意外事故所造成的损失和共同海损。与我国保险条款中平安险的保险责任范围相近，但这两种险别的责任范围还是有较大的差别。总体而言，平安险的范围要大于ICC（C）险：平安险对自然灾害所造成的全部损失和一定条件下的部分损失都予以负责，而（C）险对于因为自然灾害造成的任何损失都不予负责；平安险明确列出对货物在装卸或转运时落海造成的全部或部分损失予以赔付，而这类损失（C）险概不负责。

四、协会货物战争险和协会货物罢工险条款

（一）协会货物战争险（Institute War Clause）

协会货物战争险也是由8部分组成，共有14条，与我国的保险条款不同，协会货物战争险可以单独投保。

在该险种下，保险人负责由于下列原因造成的保险标的的损失或损害：战争、内战、革命、造反、叛乱或由此引起的内战或任何交战方之间的敌对行为；由上述承保风险引起的捕获、拘留、扣留、禁制或扣押，以及这些行动的后果或责任和进行这种行为的企图；被遗弃的水雷、鱼雷、炸弹或其他被遗弃的战争武器。除以上原因造成的损失之外，保险人还对为了避免承保风险所造成的共同海损和救助费用，予以赔付。

战争险中的除外责任分为一般除外责任和不适航、不适货除外责

任。相关的条款与ICC（A）险基本一致，只是在一般除外责任中增加了"航程挫折条款"（Frustration Clause），表示由于战争原因使航程受到阻碍，货物未能到达目的地，但货物本身并未受损时，保险人不予赔付。

由于在战争期间，陆上目标的风险非常大，因此，协会货物战争险也主要承保在水面的战争危险。保险期限以"水上危险"为限，从货物装上海轮开始，一直到卸离海轮时为止，或自海轮到达卸货港或卸货地当日午夜起算满15天为止。

另外，在航程中，海轮在中途港口卸下保险标的，使保险责任中途终止之后，如货物继续运往保险单所载目的地，则被保险人需在续运前通知保险人并加付额外的保费，这样自续运开始，保险效力重新开始。

（二）协会货物罢工险（Institute Strike Clause）

协会货物罢工险也是由8部分组成，共分14项条款，也可以单独投保。

罢工险只负责物质损失，不包括由于承保危险造成的被保险人的费用开支。承保因下列原因引起的保险标的的灭失或损害：由参与罢工、停工、工潮、暴动或民变的人员所造成的损失；任何恐怖分子或由任何人的政治动机引起的灭失或损害。

协会货物罢工险的除外责任包括一般除外责任和不适航、不适货除外责任，与ICC（A）险条款基本相同，但以下是专门针对罢工险的除外条款：由于罢工、停工、工潮、暴动或民变引起的工人缺勤、劳动力短缺或抵制引起的损失保险人不予负责；由于战争、内战、革命、叛乱等战争风险所导致的损失保险人不予负责。

■ **案例再现**

皮手套受损案

我国某外贸公司出口皮手套到比利时，投保协会货物保险条款ICC（A）险。生产厂家在生产的最后一道工序将手套的湿度降到了最低程度，然后用牛皮纸包好装入双层瓦楞纸箱，再装入20英尺集装箱，货物到达安特卫普后，检验结果表明，全部货物湿、霉、沾污、变色，损失价值达10万美元。据分析，该批货物的出口地无异常热，进口地无异常冷，运输途中无异常，运输也完全属于正常运输。对此损失，保险公司是否应该负责赔偿呢？

■ **案例解析**

对本案中的损失，保险公司不负责赔偿。按照ICC（A）险中除外责任的规定，不管是保险标的的自然渗漏、短量或正常的损耗所造成的损失，还是保险标的固有缺陷或性质引起的损失或费用，保险人都不予赔偿。而按照案例的描述，货物运输属于正常运输，因此，此批货物损失属于货物本身的缺陷造成的，不是运输途中遭受承保风险造成的，属于保险公司的除外责任。

■ **案例启示**

ICC（A）险的承保范围较广，采用"一切风险减除外责任"的方式，除了"除外责任"项下所列的风险保险人不予负责外，其他风险均予负责。与我国海洋运输货物保险条款的一切险相比，两者有较大差异。